零错误思维

全球顶尖企业
都采用的科技策略

邱强 著

海天出版社
HAITIAN PUBLISHING HOUSE
·深圳·

图书在版编目（CIP）数据

零错误思维：全球顶尖企业都采用的科技策略 / 邱
强著 . -- 深圳：海天出版社，2022.10
ISBN 978-7-5507-3551-4

Ⅰ . ①零… Ⅱ . ①邱… Ⅲ . ①企业管理－通俗读物
Ⅳ . ① F272-49

中国版本图书馆 CIP 数据核字 (2022) 第 098805 号

零错误思维：全球顶尖企业都采用的科技策略
LINGCUOWU SIWEI: QUANQIU DINGJIAN QIYE DOU CAIYONG DE KEJI CELUE

出 品 人　聂雄前
责任编辑　雷　阳
责任校对　黄　腾
责任技编　郑　欢
装帧设计　知行格致

出版发行　海天出版社
地　　址　深圳市彩田南路海天综合大厦 （518033）
网　　址　www.htph.com.cn
订购电话　0755-83460239（邮购、团购）
设计制作　深圳市知行格致文化传播有限公司
印　　刷　深圳市华信图文印务有限公司
开　　本　787mm×1092mm 1/16
印　　张　13.25
字　　数　151 千字
版　　次　2022 年 10 月第 1 版
印　　次　2022 年 10 月第 1 次
定　　价　56.00 元

自序
从历史与经验中学到教训

30 多年来，我常常到世界各地处理各式各样的事故和企业危机，例如加州大停电、三里岛核电站意外事故、"挑战者"号航天飞机爆炸、2009 年法航 447 班机空难和得州农工大学营火倒塌等，每次处理这些事故和企业危机时，常常给我很大的震撼与冲击。有时候只是一个很简单的人为错误，却酿成了巨大的损失与伤亡。更可怕的是，大部分的错误过去曾发生过。看到同样的问题反复发生造成重大的损失与伤亡，我总有一种很深的无力感。

这样的无力感赋予我动力，让我重新定义人生的目标。

因此，我和我的团队立志研究人为错误，想要弄清楚错误发生的根源，以及预防错误再次发生的方法。为此，我与 4 位麻省理工学院的教授在 1987 年共同促成了国际绩效改进公司的创立，从一开始就抱持并肩负着一个使命：持续改进现今设备与人为绩效的方法。这个使命到现在都没有改变。现在，我们是结合全球学术界和企业界，长期研究人为错误和设备失效的团队。

我们搜集历史上 3000 多年来重大的成功与失败案例，从中国历史上第一次有文字记载的大规模战争牧野大战，到从未打过败仗的马其顿亚历山大大帝各大战役，再到 20 世纪初的两次世界大战，还有近年来各大事件：柯达与通用电气的成就与没落，以及苹果公司的成功……现在，我们和许多大公司合作开发的数据库已经累计存储超过 8 万个公司内部案例，其中 40% 是成功案例，60% 是失败案例。经过团队里 100 多位员工及来自麻省理工学院的专家进行大数据分析之后，发现不管是个人还是企业，决定成功与否的因素只有一个，那就是错误的多寡。而且，所有危机、事故背后只有一个共同的原因，就是人为错误。

因此，我们开发出一套零错误方法，我发现只有零错误，才是让人类不再重蹈覆辙的根本方法。如果大家有零错误的方法，确实执行以零错误方法建立的零错误制度，那么切尔诺贝利、福岛等核灾难根本不会发生，王安电脑、摩托罗拉、柯达等曾经辉煌的企业也不会因为错失商机而没落。这套做法不仅可以用于企业经营，对我们每天的生活、小孩教育也有很深的影响。因此推广零错误方法成为我毕生的使命，希望每个人、每家企业，都能实际应用零错误方法，真正做到零错误。零错误的目标就是零危机、零伤亡、零事故、零设备失效。零错误就是成功者必备的新思维、新方法。有了新方法，就有立竿见影的效果。

零错误公司会淘汰错误多的公司；零错误组织会淘汰错误多的组织；零错误的人会淘汰错误多的人。在可预期的未来，一定有可能达到零错误的境界。

我们的公司从 1987 年创立以来，服务的客户已经遍及世界各地，包括美国军队、军舰和潜水艇制造商、全球知名零售商沃尔玛、法国著名核电企业法马通公司，以及各大跨国药厂与电子公司等。在世界500强企业中，有八成企业曾经是我们的客户。我们也持续开发培训课程，帮助企业与组织达到零错误的目标。这些年来，我们培训的学员已经有十多万人，有些人还因为学会了这套零错误方法，被业界誉为零错误领导者。

在这本零错误入门书里，我会援引许多严重的错误事件，来说明整套零错误思维与方法的架构，帮助大家了解零错误思维与避免犯错的方法。你也许会很惊讶这些案例中有许多是著名的大企业，或者认为这些犯错的公司应该被淘汰。但实际情况并非如此。这些案例只是想说明，每家公司多多少少都会有犯错的时候，运气好的话，这些错误不会造成太严重的后果；但是如果运气不好，不仅会出人命，还可能会因此倒闭。我深信只要应用零错误方法，不管运气好坏，这些错误一定可以避免。

接下来我会详细说明这套方法。第一篇先说明什么是零错误。其中，第一章谈零错误方法的缘起，并说明我对错误的定义，以及为什么零错误是决定企业成功的关键；第二章介绍4个重要的零错误思维与3种人为错误类型，以及最需要注意和防范的单项弱点；第三章带大家认识自己，了解自己容易犯错的地方，借此避免错误；第四章介绍零错误能带给每一个人快乐与成功的果实。

第二篇详细说明3种人为错误类型及设备失效。其中，第五章至第七章谈的是人为错误。第五章介绍知识型错误，这是每个人每天都会犯的错误；第六章介绍规则型错误，这是在企业与组织中最常看到的错误；第七章介绍技术型错误，也就是人们由于粗心大意所犯的错误。虽然这 3 种错误的犯错率不同，但都有可能造成重大的伤亡与损失。我会在本篇各章中介绍错误的根源，以及平时的预防方法。

另外，第八章所谈的是设备失效问题。很多意外事故与设备失效有关，但是从本质上来看，设备会失效都跟人为错误有关，所以我会针对设备的设计、采购规格、安装、审查、运行操作与设备故障排查、根本原因分析来说明避免设备失效的方法。

第三篇说明如何用零错误方法打造一家零错误企业。其中，第九章说明如何从预防错误的角度来应用 7 个科技点，借此达到零错误的结果，而且在人性考量下，从企业领导者开始，自上而下建立零错误文化。文化就是思维、方法和制度的组合。

自 1999 年以来，我进入中国大陆帮助央企解决人为错误和设备失效的问题，从未停止过把零错误方法灵活运用在中国大陆的想法。2020 年新冠肺炎疫情暴发以来，给许多人的工作生活造成了冲击，许多企业也面临经营上的危机和被迫转型的压力。

2021 年，国家发布了新修订的《安全生产法》，李克强总理对今年召开的全国安全生产电视电话会议作出重要批示，批示指出安全生产须臾不可放松。会议还要求各地区、各有关部门和单位层层压紧压实安全生产责任和措施，有效防范化解重大安全风险。这让我更加坚定了我们研究了几十年的零错误方法一定要在中国大陆发扬光大的信念。我的许多大陆学员甚至对我说：老师，新修订的《安全生产法》不就是在谈您的零错误吗，与您教给我们的内容异曲同工。我顿时愣了一下，努力开发零错误培训课程几十年，原意只是为了让大家把错误和伤亡事故的发生率降到最低，从未想过会歪打正着地与国家政策法规相契合。目前大多数管理学类图书大都讲的是如何学习别人成功的方法，很少告诉我们用一种科学性和系统性的方法去预防如何不犯错。这本《零错误思维》是我带大家进入零错误境界的系列图书的第一本，希望各位通过阅读本书，能够拥有零错误思维，逐步在事业与人生中达到零错误的完美境界。

C O N T E N T S **目 录**

PART 3 零错误管理

PART 1

什么是零错误？

第一章

不犯错，才是成功的关键

　　成功跟失败唯一的分界点就是所犯错误的多寡。失败是错误的累积，成功是零错误的实现。因此，企业间的竞争就是在比谁犯的错误少，错误的多寡是企业获利或亏损的关键。

在对人为错误的研究中，1986 年是非常重要的一年。那一年，3 个月内出现了两次严重的人为事故。先是 1 月 28 日，"挑战者"号航天飞机在美国佛罗里达州升空时爆炸，7 名航天员身亡。然后是 4 月 26 日，苏联切尔诺贝利核电站 4 号反应堆发生爆炸，大量放射性物质外泄，乌克兰、白俄罗斯与苏联大面积的土地受到辐射污染，成为核能产业史上最严重的事故。

在这两件事故发生后，美国能源部与麻省理工学院合作调查事故发生的原因，我是这次调查的负责人。调查结果发现，虽然表面上这两件事故都牵涉复杂的设备，但实际上犯的都是人类历史上重复发生过的错误。因此，在这项研究的基础上，我与麻省理工学院的教授诺曼·拉斯穆森（Norman Rasmussen）、华伦·罗森奥（Warren Rohsenow）、肯特·汉森（Kent Hansen）、彼得·格里菲斯（Peter Griffith）共同促成了国际绩效改进公司的创立。

说起我们 5 个人的研究背景，全都跟人为错误和设备失效有关。拉斯穆森被誉为核能安全之父，是第一个把人为错误量化的人，一代、二代、三代的核电站用的都是他的计算方法；罗森奥是研究设备失效的鼻祖，虽然当时麻省理工学院没有开设备失效的课程，但如果寻找设备失效的原因，常会发现都跟人为错误有关；汉森研究的是组织错误；格里菲斯研究的是系统设备的失效；我是罗森奥与格里菲斯的学生，从麻省理工学院毕业后就接到各种意外事故的调查委托。我们全都处理过 1979 年的三里岛核电站意外事故，都对人为错误有很深的感触。

还记得决定成立公司那天的情景。那是 1987 年 11 月 3 日，我们难得聚在一起，要庆祝拉斯穆森的生日。那天的晚餐从 7 点开始，我们聊着自己处理过的各种事故，发觉所有事故都跟人为错误有关，却没有对人为错误进行系统化的分析。我们 5 个人很兴奋地谈到凌晨 4 点，还利用勒内·笛卡儿（René Pescartes）的研究方法，建立了第一代零错误思维，并决定在 12 月成立一家研究人为错误的公司。

我们定义的人为错误，指的是会导致严重后果的不当行为或缺失的行为。如果没有引起严重后果，只是不当行为或缺失的行为，并不算人为错误。

零错误方法的基础

零错误方法的基础来自法国哲学家笛卡儿，他也是数学家、几何学之父，更是影响麻省理工学院发展的重要人物。他在 1637 年时写了一本书叫作《方法论》，其中提出思考的 4 个原则：

1. 除非所有怀疑都能够被厘清，不然永远不接受把任何事情当成真理。

2. 把每个困难的问题尽可能分成很多可行且必要的小问题来一一解决。

3. 依序思考，从最简单的小问题开始解决，再按照难度解决更复杂的问题。

4. 详细解决这些问题，并进行检查，确保没有遗漏。

简单地说，这4个思考原则就是：挑战假设、由大化小、由简入繁、验证遗漏。首先，笛卡儿认为，要证明所有真理以前，先要厘清所有的疑惑。这意味着不能接受任何未经过证实的假设，如此才能避免盲从和偏见，即使是来自权威人士的主张，也可以挑战。他用"怀疑"作为排除一切错误的方法，这就是著名的"怀疑一切"理论。其次，解决问题的方法要由大化小。如果一个问题很大很复杂，可以把它拆解为若干比较简单的小问题，先从小问题一个一个开始解决，最后大的问题也就迎刃而解。再次，就是将问题从简单到复杂排列，先从简单、容易解决的问题开始着手，然后再处理复杂、困难的问题。最后，则是要对问题时常进行彻底的检查，确保问题的每个方面都已经得到完整解决，没有任何遗漏。

笛卡儿的4个思考原则发表以后，给当时的思想界投下了一颗震撼弹。在此之前，西方思想长期被基督教的唯神论和文艺复兴时期兴起的唯心论所主导，连博物馆里的艺术作品都以神为主题，哲学也以人的主观感觉为本。笛卡儿推出方法论，主张用科学方法取代神权思考和主观哲学，来论证知识的对错，因此他又被推崇为近代科学的先行者。

很多人不知道的是，麻省理工学院的创立就奠定在笛卡儿的方法论基础上。创校校长威廉·巴顿·罗杰斯（William Barton Rogers）是笛卡儿的信徒，他在创办麻省理工学院时，颠覆传统的办学理念。罗杰斯把笛卡儿追求科学真理的理念，列为师生进入麻省理工学院第一天就要了解的信念，我们5个人也深受笛卡儿思想方法的熏陶。那天晚上，我们5个人聚在一起，发觉我们都在重复处理同样的事情：所有的事故都跟人为错误有关。但是我们 5 个人都没有按照笛卡儿的方法思考，没有去挑战"犯错是不可避免的"这个假设，只是接受人为错误的事实。其实就像笛卡儿《方法论》中第一个原则提到的，只要是没被证实的前提、设定、资料，都是假设，都要怀疑和厘清。

于是，我们彻夜谈到凌晨 4 点，拆解意外事故发生的原因，画出两张图，一张是设备失效导致事故的流程图（见图 1.1），另一张是人为错误导致事故的流程图（见图 1.2），这就是促成第一代零错误方法的蓝图。从这两张流程图中，我们发现，有 14 种不同的错误存在，要防止这 14 种不同的错误发生，还需要开发相关的预防方法，我们称这些待开发的方法为科技点，这就是我们这 30 多年来努力开发的方法。现在我很高兴地说，经过 30 多年的研究，根据这 14 个科技点进而深入研究的预防方法都已经开发出来了，要达到零错误的境界已经不是遥不可及的事。有了零错误方法，就可以预防事故；没有事故，就不会有重大危机。

零错误并非不可实现的理想，而是方法论的结果。用 14 个科技点（见表 1.1）来预防各种错误，就可以实现零错误。我们研究发现，现在很多错误发生的根本原因，就是因为没有全盘考量错误的来源并针对这些错误进行预防。

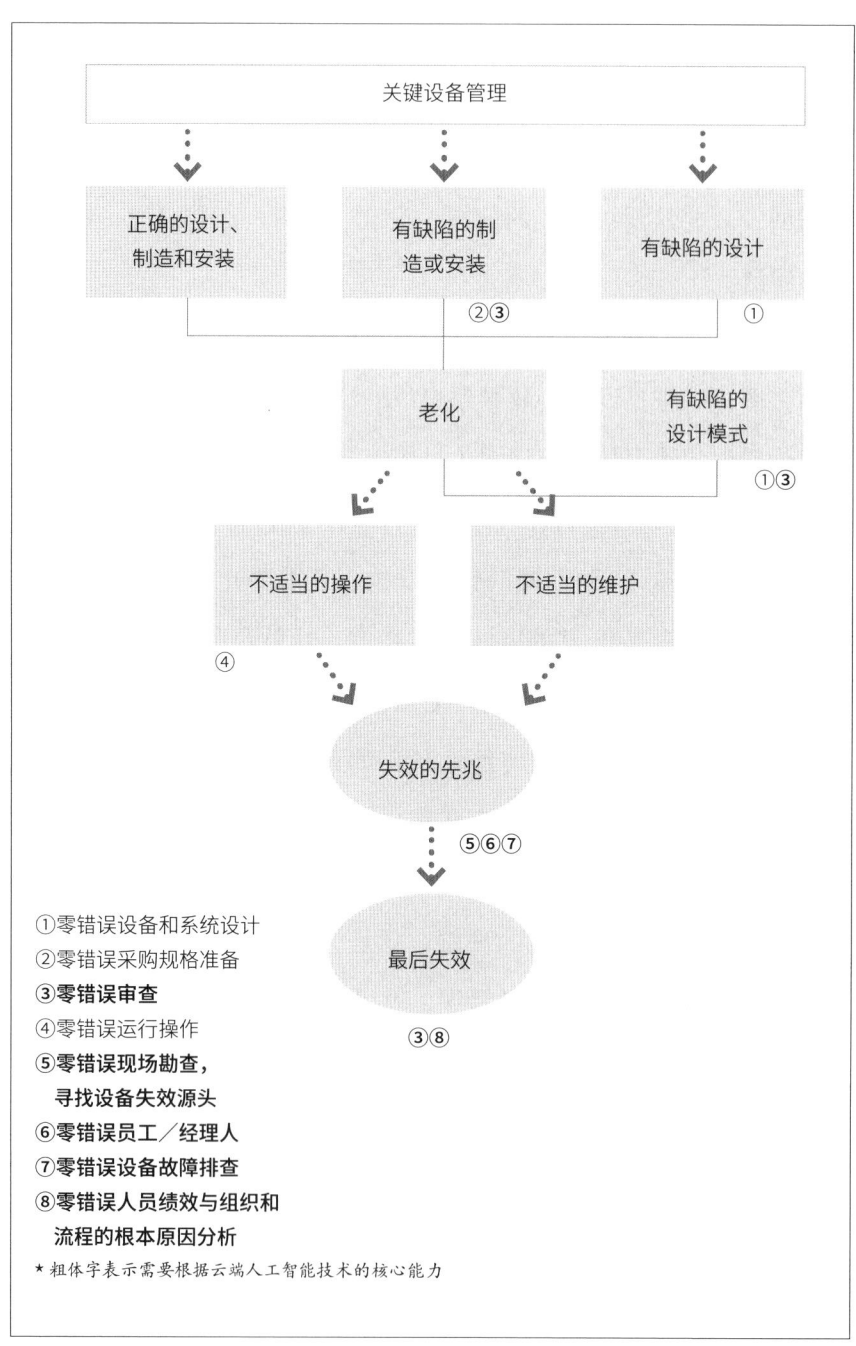

图 1.1　设备失效导致事故的流程图

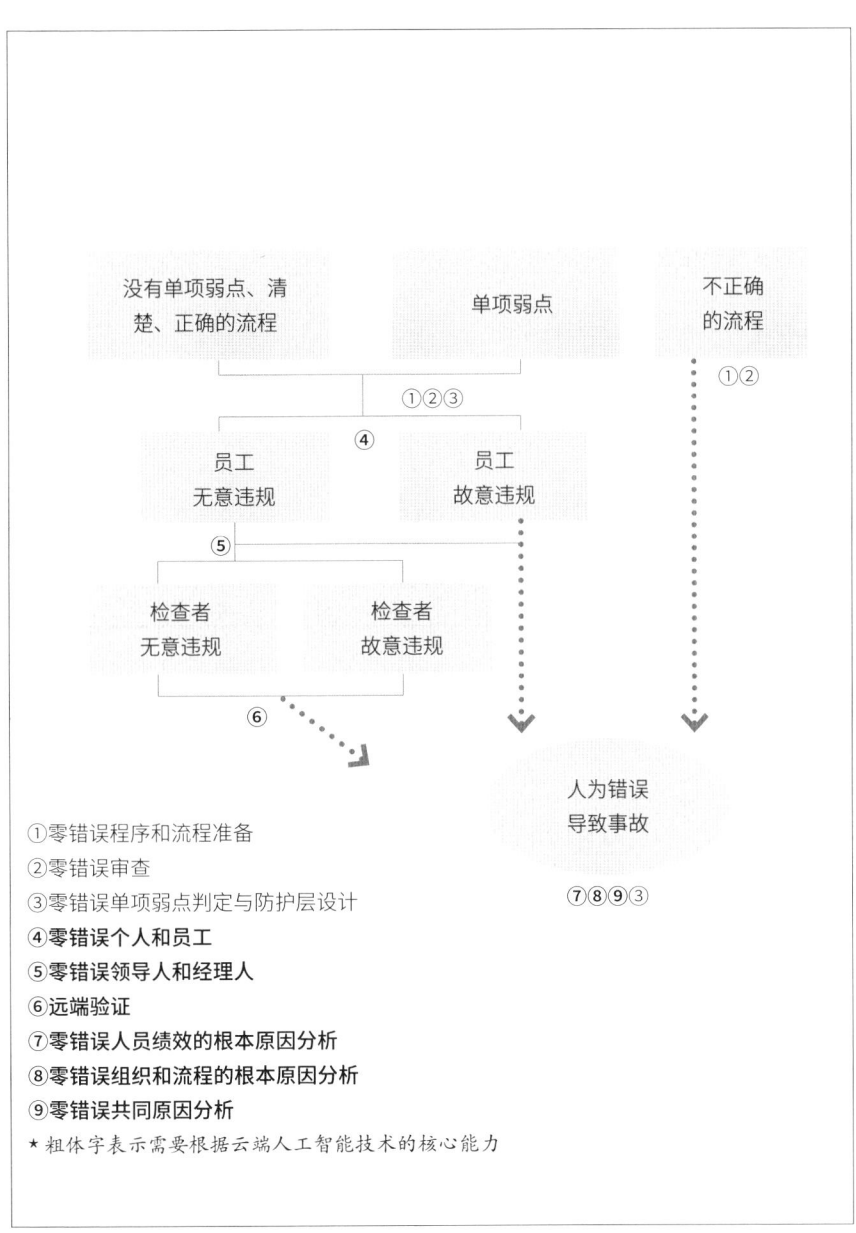

图 1.2　人为错误导致事故的流程图

表 1.1　14 个预防错误的科技点

1. 零错误程序和流程准备
2. 零错误审查
3. 零错误单项弱点判定与防护层设计
4. 零错误个人和员工
5. 零错误领导人和经理人
6. 远端验证
7. 零错误人员绩效的根本原因分析
8. 零错误组织和流程的根本原因分析
9. 零错误共同原因分析
10. 零错误设备和系统设计
11. 零错误采购规格准备
12. 零错误运行操作
13. 零错误现场勘查，寻找设备故障排查
14. 零错误设备故障排查

零错误是一个防短和补短的科学方法论

　　每当我告诉不熟悉的人我教授的课程叫作"零错误"，没有一个人不露出狐疑的眼神，大概是因为它听起来似乎就是个口号。而我也不大可能花上大半天工夫告诉他前面所提及的那套麻省理工学院理论，并借助复杂的图示来解释什么是零错误。后来，我终于想通了，零错误不就是我们中国人所说的补短理论吗？套用"扬长补短"这个词语来说，扬长占一半，补短占一半。也就是说，这两半一样重要。事实上，无论企业还是个人，大部分的精力都花在扬长方面，不注重补短方面。为什么大家不谈补短呢？成功的企业家，如苹果公司的创始人史蒂夫·乔布斯（Steve Jobs），一定知道如何改正自己的错误，不然他不会成功。然而，很多成功人士在接受采访时鲜少有人敞开心扉提及他们是如何系统性、科学性地修正那些犯了无数次的错误，而那些出版过个人传记的成功人士，在书中能读到的也只是他们一小部分的管理方法或经验。正因为如此，长久以来人们鲜少看到成功人士犯错，而事实上，那些被报道出来的错误很可能只是冰山一角。不明真相的大众却常常将他们在书中谈到的一小部分管理方法或经验奉为圭臬，认为自己照做也会成功。然而，我今天要强调的却是补短理论，它需要对大量的细节性的错误数据进行分析，进而得出有参考和指导价值的结论。

放眼各大书店的管理学类书单，由各方成功人士推出的谈管理方法的图书比比皆是，让人眼花缭乱。有的说要严厉，有的说要宽松；有的说要聘用专家，有的说要雇佣复合型人才；有的说要用目标来管理，有的说要用绩效来管理……有些公司采用后成功了，也有一些公司采用后却失败了。为什么？因为每种管理方法只能运用在与之匹配的特殊情况下才有可能成功，在其他情况下，它可能不起作用，甚至会导致失败。何谓特殊情况，书中一般并不会向读者说明。当下，与其需要较长的时间，可能还要承担高风险去学习新的管理方法，发扬长处，不如补短节流，改正错误，达到零错误的境界，便有可能脱颖而出。

这 30 多年来，我们对零错误方法持续研发改进。在 1987 年开始的第一代零错误方法中，我们找出人为错误的来源，并发展出预防的方法，这是以个人为主来防止错误；2002 年以后，我们加入企业互动流程的考量，用来了解企业会犯下哪些错误，解决企业决策、操作等问题。2011 年以后，随着人工智能和大数据技术的发展，我们开发出以软件为中心的系统和 30 多门专业课程，利用我们的大数据资料库与智慧库，帮助顾客达到零错误的境界。我们的大数据资料库储存了各种事件的前因后果，智慧库则存有全世界跟错误有关的研发成果。未来我们已经计划发展第四代方法，在错误尚未发生前就能及时预防，及时解决。正如先前所说，人类总是重复犯下同类型的错误，而我们已经有 10 多年没遇到过新的人为错误类型，也有 4 年多没遇到过新的设备失效类型，这意味着我们的资料库几乎已经囊括所有错误类型，能够真正做到零错误。

每一代零错误方法的突破，都是对人类认知的一大跃进。

错误的假设导致严重意外

在我处理各式各样意外事故的职业生涯中，让我最难忘的一次意外是得州农工大学的营火倒塌。1999 年 11 月 18 日，我突然接到一通电话，是当时的得州州长、后来的美国总统小布什（George Walker Bush）打过来的，他要我立刻出发，没过多久就派飞机接我到得州了。

究竟为何如此紧急呢？原来是得州农工大学正举办一年一度的美式足球赛，为了庆祝这场年度活动，学校搭建了一座 5 层楼高的巨型营火。就在营火快搭建完成时，突然倒塌，多名学生被压在火炬堆中，生死未卜。身为州长的小布什急忙请我过去协助，希望能够营救出被困的学生，并找出造成事故的原因。

我一到达现场，就见搭建营火的木头散乱地倒成一片，如果轻易搬动木头，很容易破坏脆弱的平衡，造成二次倒塌与更大的伤亡。如何在不让木头再次倒塌的情况下，成功营救出被困在木头下面的学生，成为最大的难题。因此，我们团队必须判断出哪些是支撑目前结构的木头，然后才能把其他木头一根一根地抽出来。前后我们整整花了 3 天的时间，最后在伤害降到最低的情况下，12 名学生死亡，27 名学生受伤。

这项营火盛会已经有 90 多年的历史，以往都很顺利，从没出过事，为什么那年会发生这么严重的伤亡？小布什非常严肃地问我："这到底是政府的问题，学生的问题，还是有人破坏？"

我应用笛卡儿的方法论详细调查，发现起因竟然只是一个很简单的人为错误，就是没做好笛卡儿方法论的第一个步骤：没有检查假设是否有错。那年负责搭建营火的学生想要让营火烧得更久更旺，所以变更木头的设计与搭建方式。以前每一层的木头长度都一样，然后像婚礼蛋糕的结构一样一层一层堆上去。但是那年被改成卡榫设计，上下层的木头交叉用卡榫来固定，这样营火就可以烧得更久更旺。不过，这样做有个前提，那就是营火必须架设在一个完全平坦的地面上，只要地面有一点点倾斜，营火就有可能倒塌。

不幸的是，在架设到第 5 层的时候，因为地面是倾斜的，有个横向力量把用来固定的铁圈撑坏，所以搭建的营火也是斜的，结果就塌了。不幸中的万幸是，我们救出不少学生，但我还是充满困惑，一个人坐在运动场上想了好几天。为什么从头到尾没有一个人挑战这个假设：这块地到底是不是平的？只因为往年都能够顺利搭建，甚至连当地最擅长搭建营火的印第安人都没有质疑，所以就没有人觉得需要去重新检查地面的倾斜程度。

错误的假设常常藏在大家深信不疑的共识中。

错误总是一直出现，没有减少

9 年后，另一个事件再度证明人类一直在犯相同类型的错误，而且这些错误都很小，完全可以预防。

这件事发生在 2008 年，打电话给我的是美国南方一家电力公司。这家公司拥有两座电厂，其中第二座 20 层楼高的电厂发生脚手架坍塌意外，17 名员工命悬一线。与得州农工大学一样，发生意外的原因也很简单，也是没有挑战假设。任何建筑物的支撑点都是最重要的设计，第一座电厂承受锅炉重量的脚手架角度是 45 度，第二座电厂的脚手架施工时也就想当然地采用第一座电厂的设计，也做成 45 度。事实上，第二座电厂因为油料重量与第一座不同，脚手架的角度应该比第一座电厂多 10 度，做成 55 度。因为没有挑战 45 度的假设是否正确，因而导致许多名员工的无辜牺牲。

这个事件发生未满一年时，美国政府和杜克能源公司要求我带领一支团队，紧急调查位于佛罗里达州的克里斯特尔里弗核电站反应炉围阻体墙龟裂事件。这个约 1.5 米厚的围阻体墙因为工程改造，在受到非常小的压力下裂开。这意味着全世界 400 座核电站的安全都会因此出问题。经过 100 多人耗时 1 年、花费 1000 万美元的调查后，发现问题出在对围阻体墙的龟裂模式假设错误上。使围阻体墙破裂的不是压力，而是储存的能量。虽然围阻体墙受到的压力很小，但是因为能量很大，于是墙就裂开了。这个错误的假设在全世界已经普遍使用很久，包括美国核能管理委员会和世界各大工程公司，但是没有人质疑。最后，这个价值 20 亿美元的核电站因为围阻体墙无法修补，只能提前退役。

上述事件带给我的震撼是，造成重大人员伤亡和财产损失的人为错误，竟然在短短时间内重复发生，而且都是很小、可以完全避免的错误。如果事前这些公司就有零错误思维，运用零错误的方法，这些无辜的生命都不必牺牲，财产也不必受损。因此，零错误不仅对企业有很大的帮助，对个人的工作、生活和安全也有很深的影响。这个震撼让我和团队加速进行第三代零错误方法的研发。

古语有云："人非圣贤，孰能无过。"因此大家普遍认为犯错是人生的一部分。因为犯错不可避免，所以只能慢慢改正，不可能完全零错误。但其实慢慢改就等于没改，因此，3000 多年来人为错误的发生从没有停止过。

历史上，每个朝代从兴起到灭亡，衰败的模式与所犯的错误都一再重复，英国历史学家亚历山大·泰勒（Alexander Tytler）曾经发表一个理论，说："世界上最伟大的文明从有历史开始算起，平均只存在 200 年的时间，在这 200 年期间，这些民族总是循着下列顺序循环着：从受人奴役到产生精神信仰；从拥有精神信仰到产生巨大的勇气；从拥有勇气到追求自由；从获得自由到物质充裕；从物质充裕到变得自私自利；从自私自利到自满；从自满到冷漠；从冷漠到产生依赖；从依赖再次回到受人奴役。"

政权开始兴起后，就展开新一轮成长期，统治阶级励精图治、兢兢业业，建立新法规、新制度。国家有了新秩序，经济也开始变得富裕，统治阶级因此有了自信。自信的下一个阶段就是过度自信，当过度自信慢慢扩散到统治阶级每一个人，就渐渐质变成一个自满的政权。一个自满的政权会越来越不了解人民的疾苦和需求，国家的问题越来越多，最后就变成彼此对立。当统治阶级跟人民开始对立时，就是下一次动乱的序曲。最后动乱爆发，旧政权被推翻，新的政权诞生，这就是历史上每一个朝代的兴衰循环。

不过，因为现代信息的快速发展，政权的更迭交替有加快的趋势，以前要花四百年，现在可能一百年左右就要换一次。以苏联为例，它曾是世界上国土面积最大的国家，但从建立到解体还不到一百年；许多中东国家与非洲国家的政权寿命更短，三四十年就重新换一个政权。无论时间长短，每一个政权最后衰败的理由与犯下的错误几乎都一样，兴盛于励精图治，衰败于骄傲自满、好大喜功。

发动战争是最典型的知识型决策错误。第二次世界大战时，轴心国德国与日本两国共 1.4 亿人民几乎都听信国家领导人的说法，完全没有意识到这是错误的决策。3000 多年来，大大小小的战争没有停过，如果看历史数据，会更让人心惊，Our World in Data 网站统计过 1400 年以来的军事冲突与民间冲突，发现在武器与战术更加先进的条件下，冲突造成的死亡率有持续升高的趋势。（见图 1.3）

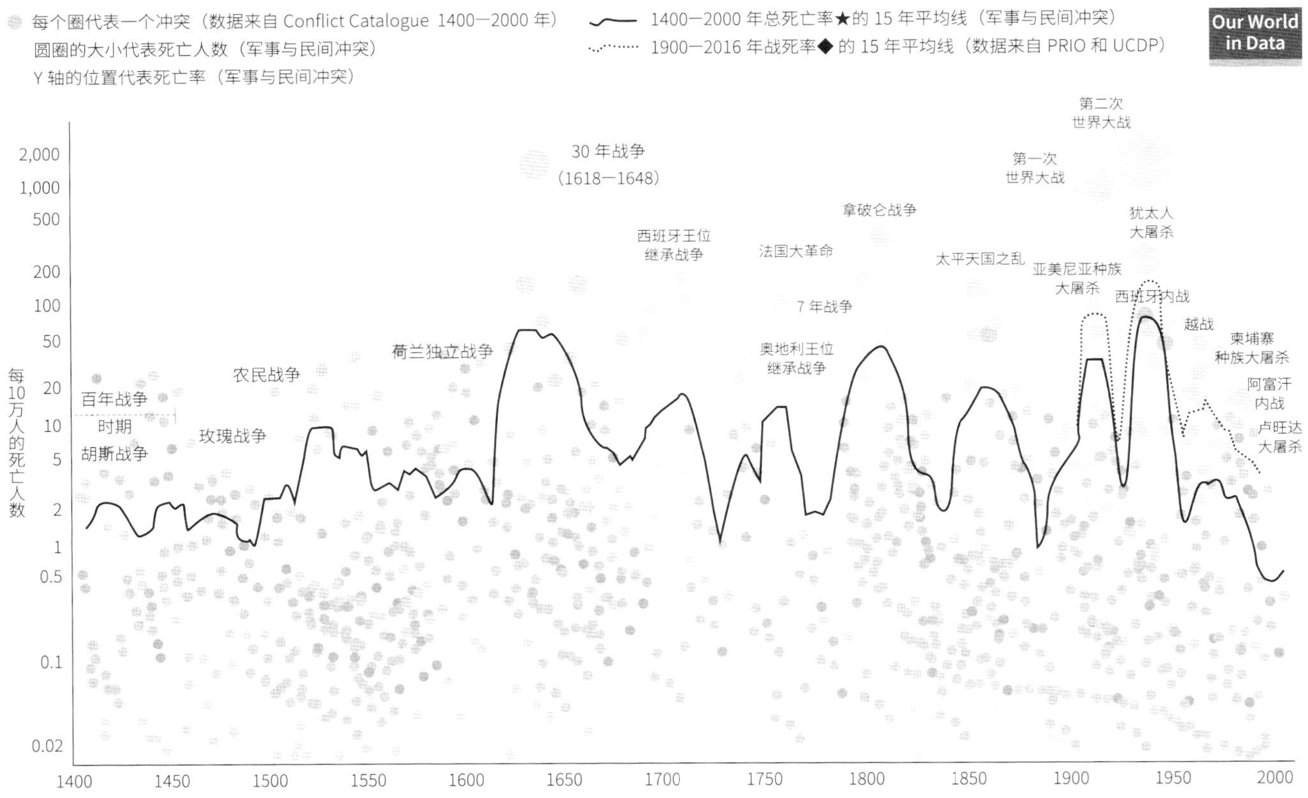

★ Conflict Catalogue 的数字包括民间与军事冲突。在很多例子中计入饥荒、疾病等间接造成的死亡。然而，由于历史资料的不确定性，各冲突间的死亡率数字变化很大

◆ PRIO/UCDP 定义的战死率指的是武装暴力冲突直接造成的死亡率（不包括因为疾病、饥荒或其他关押导致的死亡）。这个数字包括战争造成的平民死亡，但并非故意或刻意瞄准平民（也就是包括军事交火导致的平民死亡，不包括种族大屠杀导致的死亡）

资料来源：Conflict Catalogue by Peter Brecke, PRIO Battle Deaths Dataset（v3.1 after 1945 and v2.0 prior），and UCDP v17.2. World population data from HYDE and UN.https://ourworldindata.org/uploads/2018/09/Bubble-and-lines-FINAL-03.png

注：所有的死亡率是以相对于当时的全球人口数字来计算（每 10 万人的死亡人数）

此视觉化图表来自 OurWorldinData.org，那里有更多冲突与全球开发的研究与视觉化图表

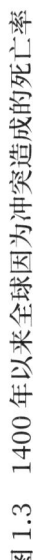

图 1.3　1400 年以来全球因为冲突造成的死亡率

　　犯罪是最典型的不守规则的规则型错误。英国与美国的服刑人数变化资料也显示，1900 年以来，两国的服刑人数都快速升高。英国目前的服刑人数是 100 年前的 4 倍（见图 1.4），美国则是近 100 年前的 6 倍（见图 1.5）。即便现在开发各种预防犯罪的方法，好像都赶不上错误率上升的速度，无法有效预防犯罪。

　　我们人类是在加速犯错，自取灭亡吗？我常常问自己，为什么美国和其他国家花上亿美元的经费在研究有没有外星人，但对人类为什么犯错却不感兴趣。

　　如果历史可以让人类学到教训，那么我们现在早就达到零错误的境界了，但为什么我们还会重复犯错？而且犯错率还在持续上升？

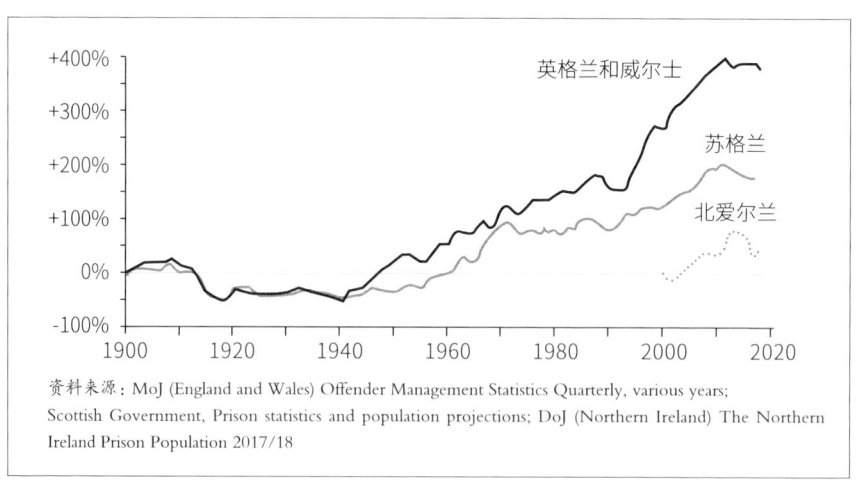

资料来源：MoJ (England and Wales) Offender Management Statistics Quarterly, various years; Scottish Government, Prison statistics and population projections; DoJ (Northern Ireland) The Northern Ireland Prison Population 2017/18

图 1.4　1900 年以来英国服刑人数的变化

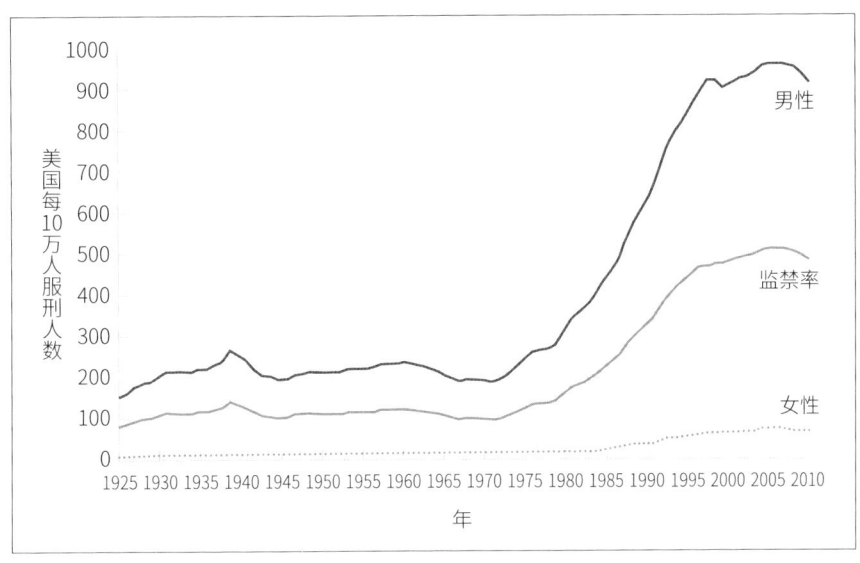

图 1.5　1925—2014 年美国每 10 万人服刑人数

强盛的雅典为什么会灭亡？

以古希腊雅典为首的提洛同盟不仅是民主政治的发源地，也是西方文明的摇篮，不仅培育出苏格拉底、柏拉图等著名的大思想家，至今，许多医学专业用语还在使用希腊字母。除了文化方面的影响外，雅典还拥有当时实力最强的海军，如此进步强大的国家究竟为什么会灭亡？

雅典的死对头是以斯巴达为首的伯罗奔尼撒同盟，斯巴达曾经暗中鼓动同盟中的成员塞格斯塔去蒙骗雅典出兵相救，理由是斯巴达看上了塞格斯塔的财富与港口，将出兵侵占它。

为了取信于雅典，当雅典使者到访塞格斯塔时，塞格斯塔国王特地下令全城人民穿金戴银，珠光宝气地走在大街上，营造富裕阔绰的假象。雅典使者信以为真，加上塞格斯塔地处重要战略位置，因此雅典答应派出大军，长途远征。但是战线拉得太长，途中突然遭遇斯巴达的伏击，援军根本来不及救援。结果雅典全军覆没，国力从此一蹶不振。数年后，国土面积只有雅典十分之一的斯巴达出兵攻下雅典，并迫使所有希腊贵族和知识分子喝下毒药，从此希腊文明后继无人，光芒不再。

同样的人为错误在历史上不断重复，以前犯下的错误跟现在犯下的错误没有太大区别，都是同样的类型、同样的影响因素、同样的结果。虽然人们都学过历史，但是我们并没有从历史经验中真正学到教训。为什么历史一再重演？错误一再重复？我们团队对这个问题研究了很久，最后终于发现是因为犯错误的人没有从人为错误的角度来看待历史，思考是哪些人为错误造成历史重演，如何预防与避免这些人为错误，如何跳出历史错误的循环。想要从失败变成功，必须有"零错误"思维。

历史上，过度自信乃兵家大忌

骄傲自满、过度自信是最常发生的人为错误之一，古今中外小至个人，大到国家，过度自信的例子不胜枚举，比较典型的如关羽大意失荆州。三国时期，刘备命关羽镇守兵家必争之地荆州，但是关羽却轻率地带领大军离开荆州，北上攻打曹操。果不其然，东吴立刻趁荆州兵力空虚，出兵将其占领。

关羽之所以如此大胆离开重要的军事基地荆州，是因为得知东吴大将吕蒙重病在身，继任者是年纪轻轻、没有作战经验的陆逊。殊不知陆逊工于心计，不仅设计吕蒙生病的假象，又写信给关羽百般阿谀奉承，称赞关羽如何英勇无敌。关羽果然上当，以为陆逊胆小畏战，当他得知荆州被攻陷的消息，虽然立刻回防，终究还是落入敌军的连环套。这不仅是关羽一生洗刷不掉的污名，更让"大意失荆州"成为常用的典故，用来时时提醒大家不要过度自信。

过度自信是兵家大忌，即使是军事天才拿破仑，最后的失败也是因为过度自信。著名的滑铁卢战役是拿破仑的最后一战，英国威灵顿公爵率领的联军，与拿破仑对峙于比利时南部的滑铁卢。结果战争开打不到 4 个小时，拿破仑就落荒而逃，3 天后被抓到。

拿破仑军队的人数、枪炮都比英荷联军更占优势，而且两天前才击败过普鲁士军队，因此当天吃早餐时，拿破仑狂傲地说："打这场仗，就跟吃这顿早餐一样简单。"拿破仑跟关羽一样，也犯了过度自信、过度轻敌的错误。其实刚被拿破仑打败的普鲁士军队只是假装撤退，威灵顿先是引诱拿破仑的骑兵进入营地核心，然后再前后夹击，拿破仑的军队兵分两路前后御敌，结果左翼完全没有布防，因此被普鲁士军队埋伏袭击，溃不成军。

过度自信导致的失败，是取得一连串胜利后带来的产物。

诺基亚与柯达错在哪里？

在所有人为错误中，过度自信导致错误发生的概率很高。我们发现，越成功的企业就越容易犯下过度自信的错误。有越来越多原本很知名的企业因为一个致命错误，快速跌落神坛。

诺基亚曾经是全球手机市场占有率最大的厂商，在全盛时期，它的手机霸主地位完全没有被其他厂商超越的可能，但是现在已经很少有人用诺基亚手机。诺基亚在短短几年间就从巅峰跌至谷底，但在微软收购诺基亚的记者会上，诺基亚前 CEO 约玛·奥利拉（Jorma Ollila）却说："我们并没有做错什么，但不知道为什么会输。"奥利拉说完，连同他自己在内的几十位诺基亚高管都落下了眼泪。

诺基亚当真没有犯下任何错误吗？智能手机问世之后，手机操作系统面临两大选择，第一个是购买安卓系统，第二个则是自己开发新系统。诺基亚选择了后者，于 2012 年与微软合作开发新的手机系统。但是，一套新系统的研发周期最快也要 7 年，这意味着到 2019 年才能推出自己的手机系统，但手机产品的市场周期是 3 年，这意味着每隔 3 年，系统就要推出新的版本。也就是说，诺基亚的系统研发速度不仅完全跟不上市场周期，还大幅落后。因此，诺基亚的致命错误就是过度自信地选择自己开发系统，却没想到新系统的研发周期太长，根本无法和安卓系统或 iOS 系统竞争。

最后诺基亚宣布开发系统失败，公司也被收购了。那些当初选择安卓系统的手机厂商，例如三星、小米、华为等，反而都成功了。

很多企业领导者跟诺基亚的前 CEO 奥利拉一样，即使自己犯了错，公司甚至都快倒闭了，却仍然不知道自己究竟错在哪里。

另一家犯下相同错误的全球知名企业是柯达，这家拥有百年历史的底片巨头曾是美国最赚钱的公司之一，如今却辉煌不再，究竟是为什么？

虽然数码相机的兴起让底片成为历史名词，但事实上，柯达本来占有绝佳的优势，它发明了第一台数码相机，拥有当时业界最强的数码相片处理技术，但因为害怕新业务侵占传统底片业务，因此把数码产品弃置一旁。管理团队决定坚守本业，不断投注更多资源在改良底片的品质上，生产更好、更贵的底片，结果却越错越离谱。

曾经光辉的成就，常常在经历几个错误后就变成教科书上典型的反面教材。

该做未做与要做做错，都是错误

柯达与诺基亚的例子，正好可以用来说明错误的两大类型，就是该做未做型错误和要做做错型错误。而且，该做未做型错误的发生率比要做做错型错误的发生率还高。该做未做型错误指的是应该做的事情或决策，因为自满、犹豫不决、懒惰或故步自封而没有做。柯达就是犯了典型的该做未做型错误，当数码相机浪潮势不可挡，明明应该选择向数码产品靠拢时，但柯达旗下有相关产品却选择不作为，将数码产品打入冷宫。有些人自作聪明地以为多做多错、少做少错、不做不错，但事实上，什么都不做就是最大的错误，眼看着机会不断流失，最后连补救的机会都没有了。错过一个机会，本身就是一种错误。

一般公司的失败大多是由于犯了该做未做型错误。我们的研究发现，该做未做型错误的发生率是要做做错型错误发生率的 2~3 倍。而且对一般决策者来说，最常见的该做未做型错误是没有挑战假设，没有找出缺失，没有抓住机会、创造机会和管理机会，以及在引入一个新的制度、新的产品、新的流程时，没有进行试点、渐进推广和收集意见，进而导致因为没想到的瑕疵造成整个计划失败。

诺基亚犯的是要做做错型错误，它虽然有采取行动、做出决策，但却做出了一个错误的决策。当其他手机公司选择安卓系统、避开系统研发周期赶不上市场周期的困境时，诺基亚却坚持要自行研发新系统。诺基亚虽然不像柯达一样毫无作为，却因为决策错误，结果是一样的。

过去企业的平均生命周期大约是 100 年，现在更新速度加快，平均每 30 年，企业就会因为犯下致命错误而遭淘汰出局。唯一可以延长企业生命周期的方法，就是不犯大家都犯的错误。

从通用电气的失败看如何超越六个标准差

经过 30 多年的研究，我们发现，成功跟失败唯一的分界点就是所犯错误的多寡。失败是错误的累积，成功是零错误的实现。因此，企业间的竞争就是在比谁犯的错误少，错误的多寡是企业获利或亏损的关键。

通用电气公司（又称奇异公司）曾是美国的标杆企业，也是成功企业的最佳典范之一，更曾是美国市值最大的公司，旗下业务众多，涉足能源、电器、广播等领域。最让人津津乐道的就是在杰克·韦尔奇（Jack Welch）的经营下，引进由摩托罗拉公司发明的六个标准差管理方法。这是一项着重改善产品质量的系统，不但把通用电气推上巅峰，许多公司还仿效它的做法，把六个标准差的管理方法当成圭臬。但是，即便是这家从1896年就入选道琼斯工业指数12只原始成分股的伟大企业，还是禁不起连续犯错，通用电气两度濒临破产，2018年终于被踢出道琼斯工业指数成分股。

从高峰跌至谷底，通用电气到底犯了什么错？事实上，通用电气犯下的错误不止一个，而是连续犯了好几个致命错误。金融海啸前，通用电气不断扩大业务范围：奇异资本在美国经济复苏以及房地产行业景气带动下，尝到甜头的通用电气越陷越深，过度依赖金融业务，结果当世纪金融海啸来袭时，若不是股神巴菲特拿出30亿美元来救援，通用电气就要翻船。

但是通用电气并没有学到教训，而是继续犯错。它转而大肆投资石油、天然气，花大价钱收购法国工业之母阿尔斯通公司和油服巨头美国贝克休斯公司。结果，随着全球经济陷入停滞，用电量不再大幅增长，加上全球变暖，再生能源成为未来趋势。最后，致命一击的错误是成立一家新的工业物联网软件公司。但软件研发周期跟不上市场周期，就跟诺基亚犯下的错误一样，新业务还没开始就注定失败。一连串的错误，让百年传奇通用电气以自由落体的方式往下坠，快速衰败到谷底，就连擅长改善流程的六个标准差管理方法也拯救不了。

六个标准差的管理方法，号称利用统计学的原理找出流程问题，再借此改进，达到产品不良率低于六个标准差的结果。如果真的做到六个标准差的境界，那么产品不良率可以降至 0.00034%，几乎是零错误的状态。但是，为何一家从上到下奉行六个标准差管理方法的公司会没落？原因就出在没有将人为错误因素纳入考量。

因此，我们的零错误方法提出"超越六个标准差"的管理方法，即在六个标准差的管理方法上加入零错误思维，第九章会详细说明这个思维。这里要强调的是，成功与失败必须重新被定义，成功跟失败唯一的分界点就是错误的多寡。无论是个人还是企业，要跳出人为错误的循环，都必须有零错误思维。零错误思维是一套革命性的方法，是人类思考往前跨一大步的重要基石。

本章练习

* 你认为企业领导者有哪 3 件事是该做未做的？哪 3 件事是
  要做做错的？

* 你认为自己在工作上有哪 3 件事是该做未做的？哪 3 件事
  是要做做错的？

* 观察你的同事，哪位同事犯的错误比较少，所以比较有竞
  争力？哪位同事犯的错误比较多，结果导致职场失败？请
  举例说明。

第二章

零错误思维

每一个小错误都是上帝赐予的礼物，如果能够好好珍惜这份礼物，针对错误发生的原因马上做出修正，自然能够避免大灾难。

马其顿王国的亚历山大大帝可以说是第一个在战场上创造零错误纪录的人。他从 20 岁登上王位开始，只花了十余年就建立了世界上横跨亚洲、欧洲、非洲的帝国。从 18 岁开始出征，到 32 岁病逝为止，领导了 7 场大战役与数百场小战役，从未有过败绩，是历史上最伟大的将军之一。

即便在战场上拥有零失败的完美战绩，亚历山大大帝最后还是犯下人生唯一的错。就在其即将到来的 33 岁生日前不久，他打完胜仗回到巴比伦，准备大开庆功宴。庆功宴的主办人是他的好友安提帕特。安提帕特别推荐自己的儿子在宴会上担任亚历山大大帝的侍酒师。亚历山大大帝没有怀疑，一口答应。当时，侍酒师是皇帝身边侍奉饮品与试毒的人，通常都是皇帝最信任的人才能担任。

这个决定最终造成了难以挽回的错误。亚历山大大帝没想到的是，传言安提帕特对帝国不忠诚，要酝酿叛变，而不久前他才训斥过安提帕特一顿。安提帕特担心会被亚历山大大帝处死，所以先下手为强，让儿子在亚历山大大帝的酒里下毒。

史书记载，亚历山大大帝一连几天饮酒狂欢，之后发着不明原因的高烧，全身失去知觉，一连昏迷 12 天后，最终撒手人寰。他死后，马其顿王国群龙无首，帝国分崩离析。在历史上，亚历山大大帝的暴毙一直是个谜团，大家都不确定他的死因，毕竟不清楚哪一种毒药可以在服下十几天后才让人死亡。直到 2014 年，新西兰国家毒物中心的学者里奥·谢普（Leo Schep）经过 10 多年的研究后才找出疑似掺入酒中的毒药：希腊南边生长的一种白藜芦。

虽然这段历史众说纷纭，却说明一件事：就算是一生鲜少犯错的亚历山大大帝，也还是会犯错。在人生最后的阶段，他犯了两个错误：第一，侍酒师不应该只安排 1 个人，因为只要这个人存有异心，或是不小心做错事情，都有可能危及亚历山大大帝的性命；第二，他没有培养接班人，以至于辛苦建立的伟大帝国在一夕之间崩解。如果有 3 个人担任侍酒师，经过 3 道关卡把关，就没有让人下手的机会；另外，就算连年征战从没打过败仗，也该积极培养与确立继承人，确保辛苦打下的江山能够传承下去。

在战争中做到零错误是最困难的，因为每场战争牵涉的因素众多而复杂，包括武器、战术、补给、军心、天文、地理，等等，亚历山大大帝能做到零错误，让全世界的战争教科书都以他为最佳范本，真是个伟大的天才。但这样一个在历史上历次战争中达到零错误的人，最后还是在筹备庆功宴时犯了大错。

只要能够分析每一个错误，就可以找到错误发生的原因，以及预防的方法。我常跟学员说："如果能够在每天晚上分析自己的错误，检讨怎么预防，就可以很快达到零错误的境界。每一个小错误都是上帝赐予的礼物，如果能好好珍惜这份礼物，针对错误发生的原因马上做出修正，自然能够避免大灾难。如果能更进一步分析周围的人犯下的错误，那就不只是上帝给你礼物了，这是犯错的人免费送给你一个机会，可以让你的人生变得更好。"

4 个零错误思维思考模式

零错误思维有 4 个重要的思考模式：

1. 只要是人，就会犯错。

2. 每一个错误都可以预防。

3. 错误有不同原因和形式，每种错误都有专属的预防方法。

4. 企业里的每个人都需要知道养成零错误的方法，以及建立零错误制度的方法。

第一个思考模式是人都会犯错。连亚历山大大帝都会犯错，那么像我们这样的普通人，偶尔犯错而造成负面后果也就不稀奇了。

但重点在于，就算犯错很常见，只要知道自己会犯下哪种错误，也是可以预防的。这就是第二个零错误思维的思考模式。前面提过几个企业犯错的例子，像柯达虽然是第一家发明数码相机的公司，但因为要保护底片相机业务，错失了数码相机业务发展的浪潮；诺基亚、通用电气原本都是一行霸主，因为没有抓住行业发展趋势而失败，这些错误在事前都有迹可循。如果继续阅读这本书，你会看到更多犯错的例子，有些错误看似复杂，但只要通过分析、层层折解之后，全都可以判别出错误的类型，这意味着所有的错误都可以预防。

成功与失败的差别，就是成功的人知道如何分析与预防错误，失败的人却不知道，因此只能眼睁睁看着错误发生，然后疲于善后，或是滔滔辩解。我们通过分析许多企业的案例，发现成功企业的领导者总是思考怎么防止错误发生，因此，他们每天想的是企业里的制度可以怎么改进。相反，失败的企业领导者总是忙着处理以前犯错所造成的后果。他们也许是看到市场缩减，所以拼命想要开发新市场；或是因为在设备维护上出错，导致生产线中断，承受巨大的损失。当一家企业每天都疲于收拾烂摊子，长久下来，竞争力与创新力自然越来越弱。每天都在应付错误的企业，迟早会变成失败的企业。

第三个零错误思维思考模式是不同原因和形式的错误都有专属的预防方法。例如在做决策时，要考虑假设，才可以防止决策错误。但是在日常生活中，要分析并预防因粗心大意导致的错误，考虑决策中的假设是没办法解决的。导致错误的原因多种多样，错误也以不同的形式出现，有些是程序错误，有些则是员工粗心大意，还有一些是领导者的决策失误。当我们要防止这些错误发生时，要各个击破，要有针对性地进行解决。否则，只改进领导者的决策错误，程序错误和员工的粗心大意依然存在，就会一直重复犯错。第三个零错误思维思考模式就是应用笛卡儿的第二个思考原则：把每个困难的问题尽可能分成很多可行且必要的小问题来一一解决。

第四个零错误思维思考模式是企业要达到零错误，必须从上到下，从领导者到基层员工都具备零错误思维，进而建立起零错误方法和制度，零错误才能真正落实。只有当每位员工都知道零错误的意义、知道错误可以预防，才能够防止自己犯错，进而防止别人犯错，然后整个企业就都不会犯错。当零错误的观念自上而下成为整个企业的文化时，就能真正达到零错误的境界。

使用零错误方法之后，每个员工犯下的错误渐渐减少，发生事故的概率渐渐降低，浪费的资金减少，也不会有不当的维护，因为设备失效而造成的生产损失减少，公司就可以赚到更多的钱。我们的资料显示，通常公司花 1 元钱培养零错误员工，就会得到 10 元钱的收益。经营公司就是经营人才，当每一个人都达到零错误的时候，公司就成功了。

错误都藏在意想不到的地方

曾经有家美国连锁卖场找到我，想要处理一个每年都会发生的意外事故。这家连锁卖场一年的营收额有上千亿美元，分店遍及全美，只要因为商品瑕疵造成顾客伤亡，就会被要求高额赔偿。支付赔偿金最多的商品是轮胎，这家连锁卖场一年卖出的轮胎有数百万个，顾客挑选完后，卖场员工还要负责安装。

问题就出在安装轮胎上。安装轮胎的工作并不难，基本上就是把旧的轮胎拆下来，换上新的轮胎，然后把螺丝拧紧。卖场早已有详尽的标准作业流程，员工基本上只要照做就不会出问题。但每年还是会有 50 多人因为刚装好的轮胎飞出去而意外身亡，这种情况已经有 20 多年，卖场老板想尽各种方法都无法改善。他找遍全世界的专家，也装设录像设备，记录每个轮胎的安装过程，全程监控员工是否有照着标准作业流程做事，但还是找不出原因。客观来说，如果从六个标准差的标准来看，每年换几百万个轮胎，只导致 50 多人死亡，表现已经非常好了，但却不符合零错误的思维：所有错误都可以预防。所以卖场老板要我来解决这个问题。

他让我看轮胎飞出去前的监控录像，我看到每位员工都按照标准作业流程，拆下旧轮胎，换上新轮胎，拧紧螺丝、测试，接着开车出去绕一圈测试轮胎有没有松脱，整个程序都确认无误后才交车。

我向卖场要来 20 多年来的事故资料，进行大数据分析。很快就分析出事故大都发生在 3 个地方：北部的事故发生在费城与蒙大拿两个城市，南部的事故发生在比较热的得州。为什么会集中在这 3 个地方呢？经大数据分析发现，南部与北部的肇事原因不同。南部造成死亡事故有两个原因：一是幅员辽阔，每个人都买大车，如果车子翻车，大车比小车更容易造成死亡事故；二是南方天气较热，轮胎变软，在路面滚动时会产生震动，当轮胎震动的频率与螺丝固有的频率一致时，就会产生共振，这时螺丝就会松脱，导致轮胎飞出去。

北部的情况则不一样，意外事故都发生在下雪的时候。下雪时，各地都会撒盐来防止路面积雪，费城与蒙大拿也不例外。但是这两个城市用的盐里加了酸水，好处是可以加速融雪，却会让轮圈生锈。轮圈生锈之后，外表看似把螺丝拧紧了，实际上只是把锈蚀的地方压扁，并不是真的拴紧轮胎，所以车子开出去没多久，轮胎就飞出去了。

找到原因之后，要解决问题就很容易了。我跟卖场老板说，这个问题很简单，只要是南方的车子，螺丝都拧紧两倍，这样就可以改变震动的频率。至于北方两个城市的车子，在换轮胎前先除锈，除完锈后再安装。在这些事故中，员工并没有犯下任何人为错误，出错的是标准流程的设计。虽然标准流程在全世界都通用，但有时候还是要针对各地的情况因地制宜地调整。经过如此修正之后，这个卖场 6 年多来没有再出过一次事故，每年也省下了一大笔赔偿费用。这证明每个错误都可以预防，没有无缘无故的错误。

最严重的错误：单项弱点

对大公司来说，并不会因为几个轮胎造成的事故赔偿毁于一旦，但是有一种错误会严重到让整个计划、决策，甚至公司毁于瞬间，那就是单项弱点。

单项弱点的概念最早出现在机械设计上。在设计机械的时候，会针对弱点安排备案。举例来说，因为电容器可以储电，所以在设备里加上电容器，当碰到电池短路时，电容器就可以短暂维持设备的运作，撑到电池恢复正常。因为电池是这个设备的弱点，所以特别设计电容器这个防护机制。在 1987 年我们开发的第一代零错误方法中，其实就已经考虑机器设备的单项弱点了。到了 2013 年，我们发现，90% 的事故都出在人为错误的单项弱点上，才把单项弱点的概念应用在人为错误上。

单项弱点就是一个单一失效环节，在这个环节上只要有一个致命错误存在，或是有无预警的情况发生，那么整件事就会全盘失败，或者是造成无法承受的损失，尤其是高风险的单项弱点需要特别找出来预防。我们发现，最严重的单项弱点，就是经理人或领导者没能找出他们前一任该做未做的错误。

确实，历史上所有犯错少的领导者几乎都败在单项弱点上。像亚历山大大帝，完全没有想到朋友竟然会用毒酒杀他；几乎没有打过败仗的拿破仑，没想到几天前才被击败的普鲁士军队会突然间冒出来，从他毫无防备的左翼攻击，导致他兵败滑铁卢；罗马时代的凯撒大帝战绩显赫，却没想到会在元老院开会的时候被其他元老刺杀，如果他有带刀，或是带着护卫，就不会让其他人有机可乘。

也时常看到发生在企业中的类似案例。例如华为公司，它的手机与平板电脑有个最大的单项弱点，就是全都使用安卓系统。在自主研发的操作系统还没经过消费者考验时，突然间被限制不能使用安卓系统，手机、平板电脑都面临无法出货的风险。幸好华为快速研发出操作系统，及时应变。

另外，通过创造竞争对手的单项弱点也能带来竞争优势。历史上就有这样的例子。公元 1 世纪时，罗马人想要引进租税与法律制度到日耳曼地区，遭到日耳曼人的不满，罗马人为此派了 3 支最强的军团要征服日耳曼。罗马的军队有刀有枪，而且人数众多，日耳曼人只有弓箭，难以抵挡。不过，日耳曼人中有一个单项弱点专家：阿米尼乌斯（Arminius）。

阿米尼乌斯是日耳曼一个部落酋长的儿子，很早就被送到罗马当人质。不过他在罗马时，加入罗马军队的辅助大队，后来升为指挥官，深受罗马军队将军的信任。就在罗马的 3 支军团前往日耳曼的途中，他向日耳曼人通风报信，还提供给罗马将军假消息，把 3 支军团引进充满沼泽的条顿堡森林。罗马军队擅长的打仗方式是戴好钢盔、盾牌，排好阵式，然后攻击，但军队进入森林后，队伍被拆散，战线也因此被拉长，被埋伏在此的日耳曼人袭击，导致全军覆没。

罗马军队原本不会在充满沼泽的森林里作战，但是阿米尼乌斯制造了罗马军队这个单项弱点，使罗马帝国的版图扩张也就此止步。

从假设中寻找单项弱点

在所有错误中，单项弱点是最严重的错误，因此要达到零错误，最重要的就是避免出现单项弱点。只是单项弱点的定义说来简单，要找出真正的单项弱点并不容易。一般来说，可以用 3 种方法找出单项弱点。第一种是从以前发生过的事故中来寻找；第二种是使用 1974 年麻省理工学院开发的"失效模式与效应分析"与"概率风险分析"来寻找，这是一套复杂而专业的方法，通常用来寻找设备失效的单项弱点；第三种是用我们研发团队开发的"假设法"来寻找。这里要特别介绍第三种方法，也就是从假设中寻找单项弱点，因为单项弱点最常出现在假设中。

我们的研究发现，能力较强的决策者有能力辨识与管理关键假设，能力较弱的决策者则不会这样做。什么是关键假设呢？就是错误概率高、造成严重后果的假设。只要能够辨认出这类假设，再验证是否正确，就可以使决策风险降到最低。

那么在决策计划中有哪些假设呢？我们公司归纳出 5 种类型的

假设，这 5 种假设简称为眼泪（TEARS），因为没弄清楚这些假设会让你掉眼泪。它们分别是技术分析与预测（Technical analysis and prediction）、环境（Environment）、人为行动（Action by people）、反应与回应（Reaction and response）和供应链（Supply）（见图 2.1）。在这 5 种假设中，总共有 20 个方面需要仔细检验，基于本书的篇幅，在这里不做详细探讨。但这里要强调的是，在做决策时，只要针对这 20 个方面一个一个地判断其中是否有未经验证的假设，就可以找出这个决策的单项弱点。

我们用 10000 多个人为错误和 100 个大事件做大数据分析，发现这 5 种假设类型中，最常见的 2 种错误假设分别是技术分析与预测和人为行动。但从企业和政府制度执行的角度来看，最常出错的地方是反应与回应的假设。

现在就用一些大家熟知的例子来谈谈因假设错误造成的失败。

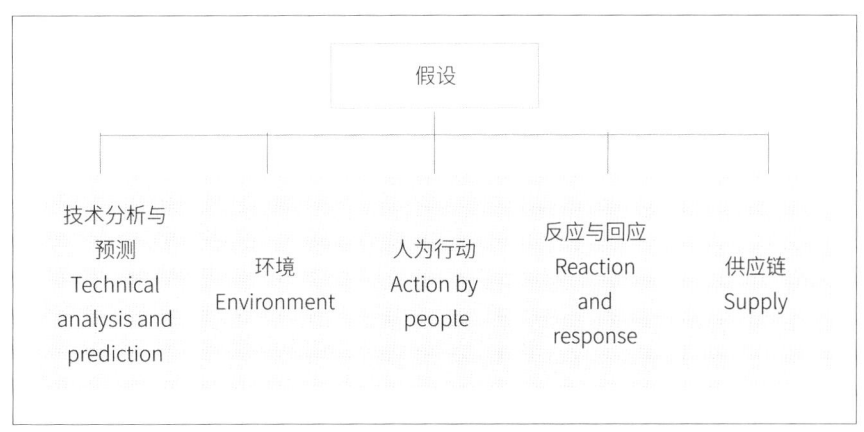

图 2.1　假设的类型

第一个先谈技术分析与预测的假设错误。大家都知道，在第二次世界大战中，欧洲的军事强国是德国与法国。一般认为，法国是阻止德国扩张的重要力量。但是，法国的战略分析中有一个假设错误，他们认为德军会从马奇诺防线进入法国，所以重兵都被安排在这条防线上。事实上德军忽然绕道，从北方的比利时攻进法国，结果部署在马奇诺防线上的法军都没有时间反应，46 天后法国就投降了。

第二个是环境的假设错误。最有名的就是 1986 年 1 月 28 日发生的"挑战者"号航天飞机爆炸。这是一个与温度有关的假设错误。"挑战者"号设计的固态火箭密封圈假设能在任何温度下防止燃料泄漏，而且有 3 倍的安全边际。实际上，这个假设是错误的。当时航天飞机发射时，天气非常冷，橡胶密封圈变硬，导致燃料泄漏，造成了爆炸。

第三个是人为行动的假设错误。近几年，台湾就有一个事件犯了这样的错误，那就是 2018 年 10 月 21 日的"普悠玛"号脱轨事件。错误的地方就在于主管单位假设司机一定会照规则开车，不会关掉列车防护系统。

第四个是反应与回应的假设错误。2013 年 Google 眼镜的失败就是一例。Google 错误地假设技术派人群会花 1500 美元购买一个并非刚需的高科技产品。

第五个是供应链的假设错误。拿破仑就犯过这种错误，他在 1812 年率领 70 万大军进攻俄国时，假设可以速战速决，所以只安排了短期够用的补给。但快速打到莫斯科后，遭到俄军的强力抵抗。

结果补给不足，又到了冬天，作战推进困难，无法再战，最后只有3万名法国士兵逃离俄国。前面5个例子，都是假设错误造成的失败。假如这些假设都被质疑或经过验证，使得主事者知道假设有错，马上就可以改变计划，渐进行事，设计补救方案或紧急措施，也许就可以避免失败。埃隆·里夫·马斯克（Elon Reeve Musk）也认为假设很重要，他说："从某个地方开始，然后真正花心思准备质疑你的假设，纠正做错的事，并根据实际情况调整。"

每个决策都有很多单项弱点，而好的决策者会永远在人为错误里面看到单项弱点。根据我们麻省理工团队的研究，发现很多成功企业家在这件事情上做得特别好，像鸿海精密创办人郭台铭。从郭台铭过往的决策来看，他几乎没有单项弱点，因为他如果看到有个地方出错，就会在另一个地方补救，他的决策不会因为竞争对手一个新的产品上市或自己的一个人为错误就失效，他是寻找单项弱点的高手。

许多改变历史的事件都是因为有人犯下单项弱点的错误。例如美国总统林肯（Abraham Lincoln）、肯尼迪（John Fitzgerald Kennedy）和披头士主唱约翰·列侬（John Winston Lennon）被暗杀，都是因为暴露出单项弱点所导致的。林肯是和太太与朋友坐在戏院包厢里看戏时被暗杀的。当时门口的守卫觉得一切都很正常，所以到隔壁酒吧去喝酒了，躲在一旁的杀手则趁这时进入包厢，对着林肯的头部开枪，一枪就把他给杀了。林肯尽全力推动人权平等，如果他能够多活几年，或许世界人权事业将会有更好的发展。肯尼迪则是在车里被暗杀的。当时汽车从一条街转到另一条街之后，车速大幅降至时速 18 公里，刚好给了杀手机会。如果车速可以保持在时速 32 公里，或是针对车速过慢的地区和可能有狙击手的地点进行清查，一般狙击手便没有可乘之机。肯尼迪反对美国参加越战，如果他可以多活几年，或许就可以避免出现许多无辜的伤亡。约翰·列侬是在晚上录音完回家时，被等在家门口的歌迷开枪射杀。约翰·列侬是和平、反越战的支持者，如果他听了朋友与太太的建议带着保镖，歌迷就没有机会下手。如果他能够多活几年，或许人们就更加了解这个世界需要的是和平。

有一次我跟一个美国潜水艇制造厂商的总经理吃饭，他是我们零错误培训班的优秀学员。吃饭的时候，我恭喜他在 5 年内连升 3 级，他只是笑笑说："我从培训班出来，每天晚上都在检讨自己的错误，每天早上都在想可能会犯哪些单项弱点的错误，现在已不会犯下大错了。不过我在公司的对手，在上你的课第二天就翘课了，他一翘课，就让我有机会超越他了，翘课可能就是他那天的单项弱点。"

为了强调单项弱点这个概念的重要性，这里再提一个让我印象深刻的案例。这事发生在 1982 年美国最具历史的汽车公司，也就是豪华车代表的凯迪拉克公司。当时所有汽车的雨刷设计都是两支雨刷、两个马达，凯迪拉克的汽车设计部门为了节省成本，设计出只配备一支特殊雨刷的汽车。为此，他们还特地买下一家雨刷工厂，专门生产新雨刷，就在准备开始量产时，雨刷工厂突然发生火灾，整个厂房全部被烧掉。因为全世界只有这家工厂生产这种特殊的雨刷，完全没有其他工厂可以生产相同的产品，市面上也没有其他产品可以替代，结果一堆少了雨刷的凯迪拉克汽车全都堆在仓库里，导致凯迪拉克公司一度濒临破产。这个事件暴露出凯迪拉克公司的单项弱点：雨刷只交给一家厂商生产。这个事件后来也成为美国商学院企业管理课程的经典案例。

我辅导的所有零错误公司都会思考每个决策的单项弱点，而且每天早上都会对此开会讨论，每个部门的经理要谈自己今天的单项弱点，每个小组长要谈自己的单项弱点，每个员工也要反思自己工作上的单项弱点。因此我建议每个人每天都要思考自己有什么单项弱点。

美国电力公司前董事长罗伯·鲍尔斯是我的学员，他设计了一份单项弱点提醒单，每天都写下自己生活中以及工作上的单项弱点（见表 2.1）。另外我也建议，在做决策时要写下决策分析单，分析决策的长期风险、短期风险、单项弱点、有什么假设，等等，如果这个决策有错误，也要写下止损的条件，这样才能预防严重的错误发生（见表 2.2）。

人为错误的 3 种类型

从过往的国家发展与企业经营来看，人为错误并没有什么变化。

第一个零错误思维思考模式说：只要是人，就会犯错。所以了解人为错误的根源非常重要。在第一代零错误方法中，我们根据工作需要耗费的注意力程度与熟悉程度将人为错误分成 3 类，即知识

表 2.1   单项弱点提醒单

我今天的生活中有什么单项弱点?

_____

_____

_____

_____

_____

我今天在工作上有什么单项弱点?

_____

_____

_____

_____

_____

表 2.2　决策分析单

1. 这个决策有什么长期风险?

2. 这个决策有什么短期风险?

3. 这个决策有什么单项弱点?

4. 做这个决策要考虑哪些因素?

5. 做这个决策没有考虑哪些因素?

6. 这个决策有什么假设?

7. 这些假设有没有经过验证?

8. 如果假设没有经过验证,有没有别的计划或备选方案?

9. 如果决策有错,止损点在哪里?

型错误、规则型错误与技术型错误（见图 2.2）。这 3 种类型的错误原因完全不同，犯错的概率不同，解决与预防的方法也完全不同。这是延斯·拉斯穆森（Jens Rasmussen）在 1983 年提出的分类。我们延续他的研究，继续深入地探讨这些错误类型，并进行大数据分析。

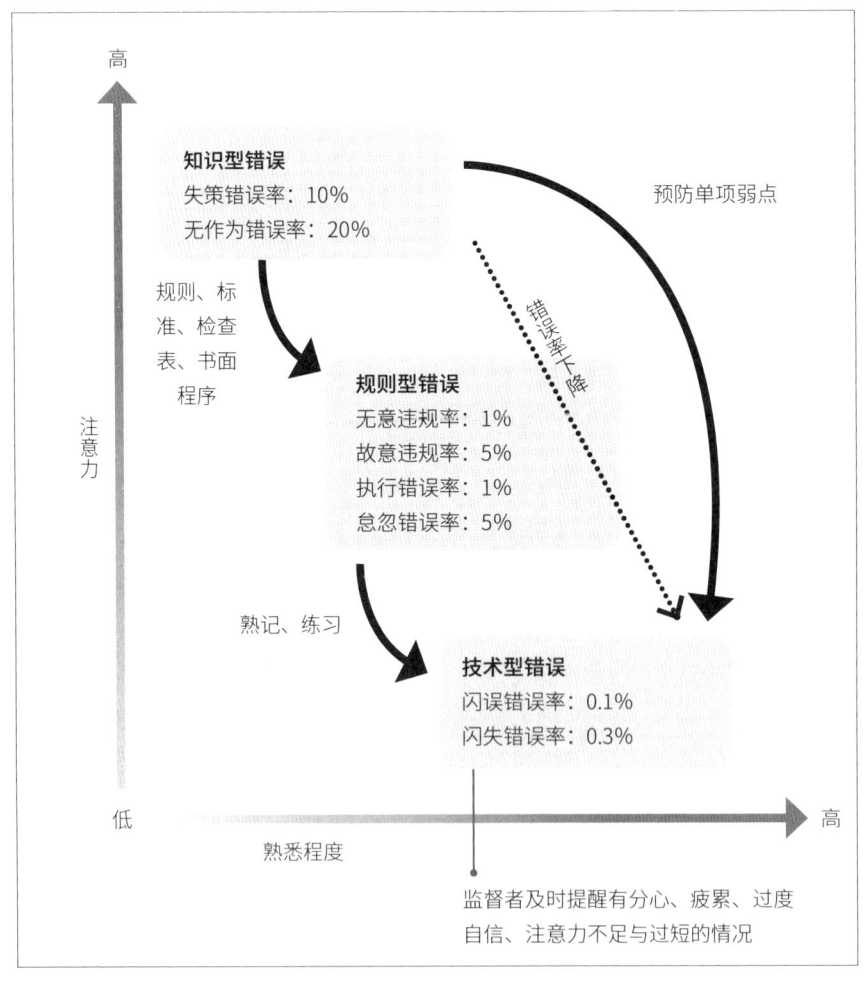

图 2.2　3 种人为错误

知识型错误发生在知识型工作中。知识型工作需要很高的注意力和相对较低的熟悉程度，包括做决策、解决问题、谈判、分析、审查、设计、制定计划、危机处理等，因为没有规律可循，难度较高，错误率也较高。举例来说，研判一个新市场是否值得投资，通常没有操作手册，也没有程序步骤，必须依靠各种知识与经验才能做出正确判断。

规则型错误则出现在规则型工作中。规则型工作需要中等的注意力与熟悉程度，这类工作通常都有固定的执行标准与流程，比如制订好的标准作业流程，因此错误率比知识型错误要低。

将规则型的工作重复 1000 遍，就可以提升熟练度，变成技术，成为技术型工作。这类工作需要的专注程度较低，而且通常已经高度熟练，例如开车、拧螺丝、煮饭、洗碗，等等。在技术型工作中犯的错就是技术型错误。因为熟悉度非常高，因此错误率更低。

第一章中提过，错误有两种类型：一种是该做未做型，另一种是要做做错型。因此在这两种错误类型的基础上，我们可以将上述 3 类错误进一步区分（见表 2.3）。该做未做的知识型错误，我们称为无作为错误，这种错误经常是因为无作为、犹豫不决的态度、懒惰或故步自封导致的。我们的统计显示，无作为错误的错误率最高，高达 20%。要做做错的知识型错误则被称为失策错误，这是说虽然已经决定采取行动，但却因为信息不正确或没有经过测试就贸然行动而导致的错误，错误率较低，但也达 10%。决策错误、计划错误、判断错误都是失策错误。

规则型错误也分成两类，要做做错的规则型错误被称为执行错

表 2.3　3 种错误的分类

	要做做错	该做未做
知识型错误	失策错误	无作为错误
规则型错误	执行错误	怠忽错误
技术型错误	闪误错误	闪失错误

误，这是按照规定做事但却做错的错误，这类错误率大概是 1%；该做未做的规则型错误被叫作怠忽错误，就跟怠工一样，规定要做的事情没有做，这类错误率是 5%。另外，在规则型错误里，还可以分成故意违规与无意违规。举例来说，虽然明知闯红灯违规，但还是抱着侥幸心理闯了过去，就是故意违规；如果是因为接电话而不小心闯了红灯，就是无意违规。以错误概率来看，故意违规的错误率较高，是 5%；无意违规的错误率大概是 1%。第六章会做深入介绍。

最后是技术型错误。要做做错的技术型错误被称为闪误错误，这种错误率很低，大概是 0.1%；而该做未做的技术型错误被叫作闪失错误，例如开车忘了打方向灯，而不是打错方向灯，这种错误率也很低，只有 0.3%。

为什么人类会犯下这些错误呢？我们的研究发现，基本上无外乎以下 3 个因素。

1. 先天因素：包括个性（态度）、性别、大脑的多样性与大脑的局限性。

2. 后天因素：包括心态、个性（态度）、个人特质、疾病与思考流程的缺失。

3. 外部因素：包括与时间、行动、他人、环境相关的因素。

这些因素会造成不同类型的错误发生，我们会在后面的章节详细说明。

员工平均一天会犯 7 个错误

为了研究人为错误，我们在 17 家公司做了大量的跟踪与调查问卷工作，看这些公司在没有使用零错误方法的情况下，错误率和错误类型的变化。从大数据分析中我们发现，在一个有成熟规章制度的公司里，一个员工平均一天会犯 7 个错误，其中 3 个错误是该做未做的错误，4 个是要做做错的错误。一般来说，在公司里，规定要做的事比没有规定要做的事多，所以虽然该做未做的错误率较高，但实际的错误数量较少。不过，每个错误对个人或公司都有负面的影响，如果运气不好，刚好在单项弱点上犯错，就会发生事故。

从错误的类型来看，我们发现，在这 7 个错误中，40% 是规则型错误，35% 是技术型错误，25% 是知识型错误。常犯的错误包括：

● 规则型错误：没有按照标准作业流程工作、没有按照审查方案审查、没有按照要求设计、没有按照规定检修，等等。

● 技术型错误：忘了定期交报告、没有查证重要信息、抄错数据、用错工具、拿错作业程序书，等等。

● 知识型错误：资料不齐全就做决定、没想清楚失效模式就解决问题、计划中的假设未经验证、重要机会没有利用、做决策时没有考虑长期的影响，等等。

如果单从决策者的角度来看，决策者犯的错误通常是知识型错误，每天犯下 5 到 7 个错误，大部分是该做未做的错误。我们发现，当公司在草创时期和转型时期，因为变化很大，决策错误率比一般公司高很多。这就可以解释 75% 有创业基金支持的新创公司和 60% 的转型公司面临失败的原因。

使用零错误的方法，可以让员工每天的犯错数量降到几乎为零。

有一次，在一堂给资深经理的培训课上，一位资深经理问我："犯错对公司有什么影响？"我想了一下，说这个问题问得非常好，我可以用一个例子来解释。我对他说："你的公司有 1000 名员工，每人每天犯 7 个错，就好像在公司里埋下了 7000 颗未爆弹。如果是在单项弱点上犯错，那就像在引爆一颗原子弹。有些地雷在埋下没多久就会被引爆，产生损失，但是很多未爆弹要过很久以后才会被引爆。虽然公司会安排一些扫除未爆弹的措施，但是当错误持续累积，有可能被引爆的未爆弹越来越多，被引爆的概率就会越来越大，而且炸弹的威力也会越来越大。到最后，公司一定会出问题。"

我还提到，最危险的错误，是有潜伏期的错误，譬如作业程序书写错，用了错误的假设做决策，在执行新制度时没有考虑先采取试点措施，渐进推广。试点措施是指先在较小的范围内测试新制度的可行性，在全面推广前把优缺点找出来，加以改进。渐进推广的目的是了解新制度的被接受程度，根据被接受程度来调整推广的范围。这些错误隐藏在公司里，可能三四年后才会出现问题。我们发现潜伏期最长的错误就是该做未做的知识型错误。一旦犯下这种错误，不但员工不知道如何找出问题，而且决策者也不知道他已经犯了错。

那位资深经理听完以后说："邱博士，那零错误的方法怎么帮助我们？"我说："零错误的基本观念是从一开始就不埋下未爆弹。就算公司本来有些未爆弹，也可以通过零错误方法及时发现，并将其安全移除。"

还有一位资深经理问我："邱博士，为什么我的公司会发生越来越多的事故？我们的员工为了解决这些问题疲于奔命，但是需要解决的问题却越来越多。"我对他说："这个问题可以用单项弱点的总量来解释。公司每位员工每天都在犯错，有时是写错程序书，有时是决策错误，有时是组织设计上有缺陷。这些错误中有些是单项弱点，如果不幸，再出现一些错误，或是发生无法预测的情况，那么没有预防措施的单项弱点就会导致事故发生。因此，公司中的单项弱点总量会越来越多。当然，如果事故的根本原因分析做得好，在事故发生之后，这些隐藏的单项弱点就会凸显出来，可以做出改进，减少单项弱点。公司发生事故的概率和单项弱点的数量成正比。如果你的公司发生事故的概率越来越高，简单来说，就是单项弱点的增加速度超过了减少速度。"（见图 2.3）

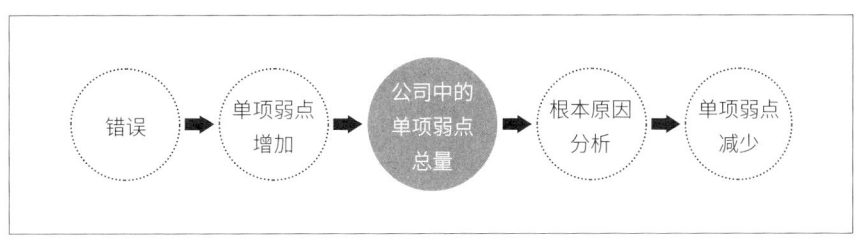

图 2.3　公司中的单项弱点总量

那位资深经理又问我说："那要怎么快速减少单项弱点总量呢？"我说："有 3 种方法：第一种方法是每个员工都用零错误的方法，减少错误的发生；第二种方法是做好根本原因分析；第三种方法是主动审查组织、制度和决策，找出隐藏的单项弱点。"我又说道："一般公司只用前两种方法就够了，但是如果发生事故的概率越来越高，导致公司快要倒闭，就一定要同时采用 3 种方法。"

如何借由建立制度与反复练习来预防犯错

在 3 种错误类型中，知识型错误的错误率最高，规则型错误次之，技术型错误最低，因此，为了达到零错误，最好的办法就是把工作类型转化，把知识型工作转化成规则型工作，再把规则型工作转化成技术型工作，这样就可以大幅降低错误率。

但为知识型工作制定规则，难度非常高，因为变量太多。像打仗、下棋这样的知识型工作，因为可能会出现各种情况，很难制定一套必胜法则，只能根据各种知识、经验去做决策。

不过，我们的团队研发出一套将知识型工作转化成规则型工作的流程，这套流程有些复杂，我在这里简单说明一下：首先必须将知识型工作简化成多个小区块，范围变小后，变量也会变少，再从变量少的小区块着手，将其规则化。但是，如果规则型错误率超过 0.1%，就表示这个规则是无效的，必须重新修订规则。

举例而言，要将决策写成法规，变量多、复杂度高，为了简化，可以进一步将决策区分为主动决策和被动决策。当企业发生问题或遇到危机，被迫要做出决策、解决问题时，这叫作被动决策。主动决策则正好相反，是在没有其他人逼迫的情况下，在企业一帆风顺时未雨绸缪做出正确的决策。

如果企业能够化被动决策为主动决策，制定固定的规则，每个月固定开会，大家一起讨论规定的项目，例如探讨市场未来发展、跟踪竞争对手等，而且将决策再细分成更小的区块，转化成更多的标准作业流程，那么错误率就可以从 10% 降为 1%，即错误减少到原来的十分之一。

要减少规则型错误，我们建议大量重复练习正确的行为。技术型错误之所以错误率低，是因为经过了大量重复的练习。高尔夫巨星"老虎"伍兹之所以能够成为传奇，魔鬼般的训练是必不可少的。在好的教练指导下，每天至少练习挥杆 1000 次，如此重复 1000 天，总计练习 100 万次，熟练度自然达到极致。

要减少技术型错误，可以从改善工作环境、确认工作时身体状况是否符合标准，以及将重要工作安排在错误率少的时段等方法做起。必须了解会造成犯错的情况，例如分心、体力不济、压力带来的慌乱等，如果前一晚熬夜，注意力不集中，这时为了防止错误发生，就必须找其他人来接替工作。

如果将知识型工作全都转换成规则型工作，而且把这项规则型工作做了 1000 次以上，就可以将规则型工作转化成技术型工作，犯错率就会更加压低。不过，开车可以开 1000 次，倒茶可以倒 1000 次，开车、倒茶的错误当然可以控制。然而大部分的工作并无法做到重复做 1000 次，在世界变化如此迅速的情况下，一个决策能够重复做 5 次就很难得了。大部分的事情无法重复做 1000 次，因此大部分的错误，还是集中在规则型错误上。

如何借助方法养成零错误习惯

后面会谈到怎么通过改进企业制度来预防错误。现在先谈谈如何借助方法养成零错误习惯来预防错误。我和团队常常注意到，一些成功人士不知不觉就养成了零错误的习惯。举个例子，我记得 40 年前和高通创始人艾文·雅各布（Irwin Jacobs）在麻省理工学院吃饭时，注意到他离开餐桌时对我说："有没有忘记东西？"有时与他讨论事情时，也会听他说："还漏了什么吗？"这句话的意思是我们还有什么事没有讨论？后来我们都搬到拉荷亚，他创办了高通公司。因为我们是邻居，见面的机会也多了。我发现"Anything missing?"是他的口头禅。他说他很早就发现我们常常在浪费生命找东西，而且出错最多的地方就在于自己的疏忽。这句话可以用在各种工作场合，提醒他人与自己，事情不是越快做完越好。

总之，成功的领导者都在不知不觉中认知到零错误方法，知道自己和团队常犯的错误，他们长期养成一些零错误的习惯来预防错误，有的是用言语，有的是用提醒卡，有的是用重复的行动。我们知道有些研究提到，有了认知后，要做 100 次重复的行动才能养成习惯。这个从反省到认知再到习惯的过程是很漫长的，不是每一个人都可以做到，所以只有少数人成功了。

我们在成功的领导者身上看到下列零错误习惯：

1. 寻找缺失的习惯

2. 挑战假设的习惯

3. 管理单项弱点的习惯

4. 创造机会的习惯

5. 寻求知识的习惯

6. 培养人才的习惯

7. 建立互补团队的习惯

8. 发现与分析错误的习惯

9. 注重建立公平奖惩制度的习惯

10. 简化制度的习惯

畅销书作家史蒂芬·柯维（Stephen Covey）在 1989 年也提出了 7 个高效能人士的习惯，30 多年来很多学生问我这些习惯怎么养成，因为书里没有明确的方法让大家知道如何养成这 7 个高效能人士的习惯。我们发现，习惯的养成有两种方法：一种是因心理向往而养成习惯，另一种是借助方法来养成习惯。因心理向往而养成的习惯是一个渐进式的养成方法，而借助方法来养成的习惯则可以立即养成。如果没有很好的方法论，绝对不会很快养成习惯。举例来说，要让员工养成良好的拧螺丝习惯，让螺丝不会松脱或过紧，这是很困难的事。每个员工要先知道怎么拧螺丝，再从失败和成功的经验里去养成习惯。因心理向往而养成的习惯至少要花 3~4 年时间，但是借助方法则可以很快养成习惯。我们可以写一个流程来告诉大家怎么按部就班地拧好螺丝，让大家在第二天就能养成这个习惯。

再举一个例子，美国教育界在 10 多年前出现过一阵热潮。这个热潮起源于宾夕法尼亚大学针对成功理念的研究，他们发现"恒毅力"是成功最重要的心态。因此教育学家进行了一项培养孩子"恒毅力"的实验。短期来看，这个实验很成功，使大学录取率从 25% 提高到了 85%。然而，后来的跟踪调查发现，实验里第一批考上大学的学生中只有 25% 是应届毕业生。这个例子告诉我们，从培养心态到培养习惯，再从习惯得到成效，是非常漫长的，也不是一个有效的途径。

因此，我们把前面少数成功人士很难养成的 10 个习惯，用大数据找到实践方法，变成 10 个零错误方法：

1. 寻找缺失的方法

2. 挑战假设的方法

3. 管理单项弱点的方法

4. 防止因为错失机会而犯错的方法

5. 防止未寻求知识而犯错的方法

6. 防止未培养人才而犯错的方法

7. 建立互补团队的方法

8. 发现与分析错误的方法

9. 防止因不公平奖惩制度而犯错的方法

10. 防止因复杂制度而犯错的方法

这样一来，成功不只是少数人的专利，通过零错误的方法，大家都能达到。从改变心态，进而养成习惯，最后达到成效，这样的进步很缓慢，但是如果拥有一套方法，就可以立即反馈改进，使大家获得成功。

本章练习

---

* 请列出你过去犯下的最严重的 3 个错误，这 3 个错误是知识型错误、规则型错误，还是技术型错误？

* 这 3 个错误可以预防吗？

第三章

认清人性特质

要做到零错误，第一关就是认识自己。

说起科技界的传奇，大家一定会想到史蒂夫·乔布斯，他当年推出初代 Macintosh 电脑时，意气风发，各大财经媒体争相采访。但是，人生的上半场才过一半，因为初代 Macintosh 电脑销售不佳，乔布斯就被自己引进的专业经理人开除了。苹果公司的发展也并没有因此一帆风顺，11 年后，就在公司经营岌岌可危之际，乔布斯回归苹果公司。结果苹果公司就此谷底翻身，接连推出 iPod、iPhone、iPad 等创新产品，在众人的惊叹声中将苹果公司推向巅峰。

究竟是什么原因让乔布斯华丽转身？乔布斯又有什么特质，可以带领苹果公司一度成为全世界市值最高的公司？

我们分析乔布斯的成功史，发现他的错误率非常低。而且他可以从被苹果公司开除的谷底翻身，关键就在于他能不断地重新"认识自己、分析自己"，彻底解构自己的"能与不能"，进而把苹果公司改造成一家零错误企业。

所以，要做到零错误，第一关就是认识自己。

你是用左脑思考，还是用右脑思考？

该如何认识自己呢？我们的大数据研究发现，一个人常犯的错误类型与自身的个性和思考方式密切相关。因此，我们以个性和思考方式 2 个指标来区分每个人：从个性来说，可以分成内向型与外向型；从思考方式来看，可以分成用左脑思考与用右脑思考。因此可以把人分成 4 种类型：左脑内向、左脑外向、右脑内向、右脑外向。

　　在科学上，用左脑思考与用右脑思考的定义非常含糊。我们团队研发出一张图，可以精确检测出一个人是用左脑思考，还是用右脑思考。

　　现在来看图 3.1，你第一眼看到的是正面，还是侧面？如果你看到的是正面，那你就是用右脑思考；如果你看到的是侧面，那你就是用左脑思考。用右脑和用左脑思考有什么不同呢？右脑在接收信息时，会以大视野、大方向为主，因此看一件事会先看全局、全貌，再看细节；而左脑正好相反，会先看细节，后看全貌。简单来说，用右脑思考可能"见林不见树"，用左脑思考则容易"见树不见林"。

图 3.1　你第一眼看到的是正面，还是侧面？

用右脑思考是用符号、图像的方式，来处理所接收的信息。因此，知觉和想象力较强，不拘泥于局部分析，较具创造性，往往会统观全局及大胆猜测，属于直觉型认知。而用左脑思考则擅长用归纳、因果分析的方式处理信息，因此逻辑性强，对于细节掌握较佳。（见图 3.2）

一般而言，擅长用左脑思考的人，大多不习惯右脑模式，因此比较容易犯下与全局相关的错误。反之，喜欢用右脑思考的人，较少启动左脑模式，因此比较容易犯下与细节相关的错误。我们公司在 2011 年曾针对 1140 位工程审核人员、品管与品保人员，以及根本原因分析调查员进行调查，结果发现用右脑思考比用左脑思考更容易犯下要做做错型错误（高出 2.4 倍），而用左脑思考比用右脑思

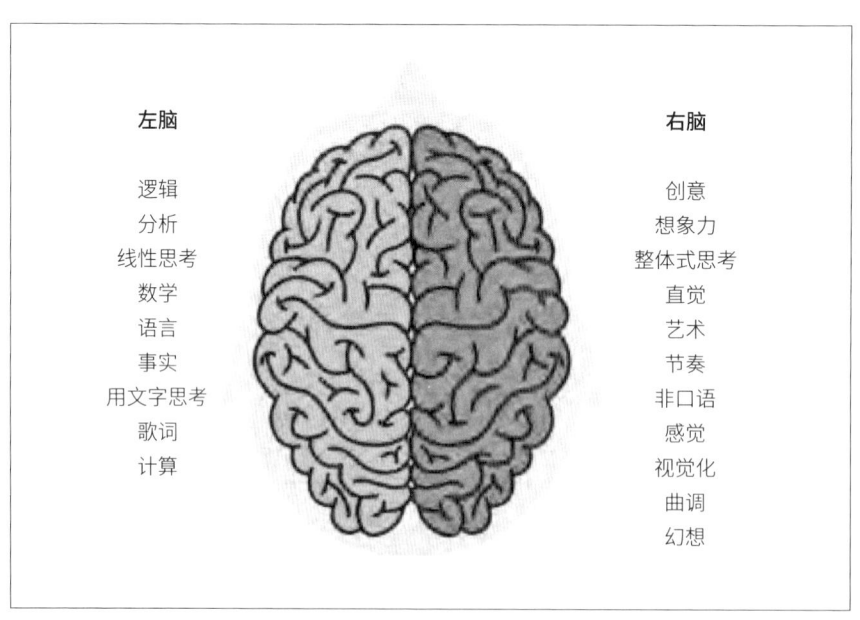

左脑	右脑
逻辑	创意
分析	想象力
线性思考	整体式思考
数学	直觉
语言	艺术
事实	节奏
用文字思考	非口语
歌词	感觉
计算	视觉化
	曲调
	幻想

图 3.2 左脑思考与右脑思考的特点

考更容易犯下该做未做型错误（高出 3.5 倍）。

说到用右脑思考或左脑思考的代表人物，就要提到两大科技巨擘、也互为竞争对手的乔布斯与比尔·盖茨。

乔布斯是个梦想家，擅长设定大目标、大方向，对于细枝末节则不拘小节。相反，比尔·盖茨则是典型的左脑思维，非常注重逻辑与实务。从两人所创立的公司与推出的产品看，也明显反映出他们思考模式的不同。不过，他们都创造出独特的零错误公司。

我们认为他们都是拥有零错误思维的领导者。乔布斯说过："一路上会犯一些错，这样很好。因为这表示正在做出一些决定。我们发现有错，而且做出修正。"比尔·盖茨也说过："所有成功公司的关键就在于能从错误中学习，并不断改良产品。"

你是内向型的人，还是外向型的人？

从个性来看，外向型的人与内向型的人也有明显不同。外向型的人专注于外在的人、事、物，会根据外部的趋势与信息来做出选择或判断。他们长袖善舞，往往是社交高手。内向型的人则专注于自己的想法、经验和感觉，擅长出谋划策，扮演幕后军师的角色。（见表 3.1）

内向型的人在做决策时，倾向以个人想法或过往经验为主，在牵涉人际关系的相关事务上很容易出错，包括沟通、协商、控制等；外向型的人则更倾向拿其他人或外部信息当参考，不断关注别人在

表 3.1　外向型人格与内向型人格的特质

外向型人格特质	内向型人格特质
● 有活力	● 很安静
● 说得比听得多	● 听得比说得多
● 先行动，然后思考	● 在脑袋里安静地思考
● 喜欢在人群中	● 先思考，然后行动
● 偏好公众服务	● 单独一个人时感觉很自在
● 有时很容易分心	● 偏好幕后工作
● 喜欢同时做很多事	● 有很好的专注力
● 开朗而热情	● 喜欢一次专注在一件事情上
	● 独立而拘谨

做什么，喜欢跟随市场的脚步或风向。因此，在做决策、解决问题、做规划等需要逻辑分析的事务上表现较弱。

外向型的人喜欢跟随市场趋势，当个追随者，然而追随者很难做到突破性创新。当乔布斯开启智能手机的全触控时代时，颠覆了所有人的想象。当时市场上的主流手机产品，不管是诺基亚还是黑莓，全都是按键式，只有乔布斯一人坚持做全触控手机。倘若乔布斯是个外向型的人，恐怕手机至今仍停留在按键时代。

我担任过好几家公司的总裁、副总裁，管理过的员工也不少，我只要和员工聊 10 分钟就可以知道他是不是在正确的职位上。有些拥有工程师性格的人跑去做业务，拥有业务性格的人跑去做工程师，问题都出在不够认识自己、不知道自己的强项与弱点上，错误自然层出不穷。

因此，如何达到零错误？第一关就是认识自己。如果是左脑内向的人，很容易犯下与全局有关或与人际关系相关的错误；如果是左脑外向的人，很容易犯下与全局有关或分析类的错误；如果是右脑内向的人，很容易犯下与细节有关或人际关系相关的错误；至于右脑外向的人，则很容易犯下与细节有关或分析类的错误（见图3.3）。越了解自己和他人的弱点，就越能知道如何防范可能出现的错误；越了解自己和他人的特质与强项，就越能从事最擅长的工作。

寻找个性与思考模式互补的人

所谓江山易改，本性难移。既然每个人的天性都有容易犯错的地方，那该如何补救呢？一个方法就是求助于个性与思考模式互补的人。

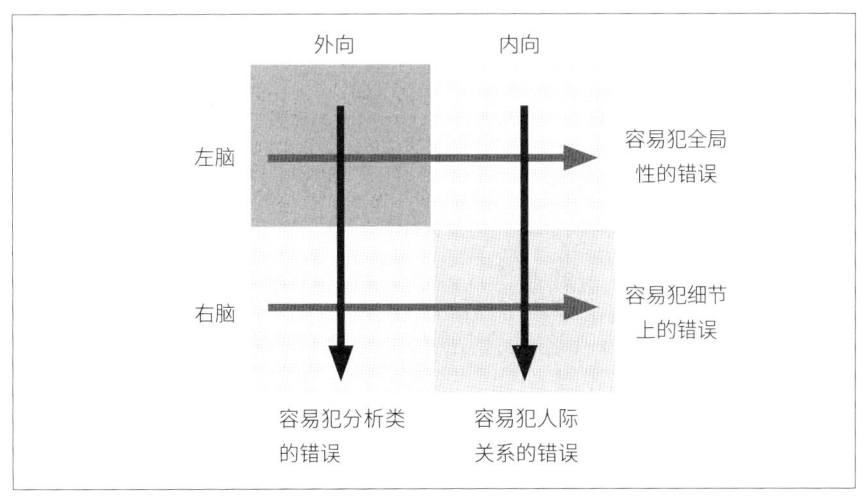

图 3.3　认识自己最容易犯下的错误

　　把这件事情做得最好的就是乔布斯。也许很多人以为乔布斯的成功只在于坚持自己的创见，但绝对不要忽略他的用人功力。在20世纪80年代的计算机界，清一色由典型的IBM工程师所主导，这些人都是男性，着深色西装，头发灰白。但是乔布斯开发初代Macintosh电脑的51人团队却完全颠覆了计算机工程师的传统形象，团队里面有18位女性，33位男性，平均年龄只有33岁，这个团队就是引发热议的Macintosh wonder team。

　　当外界持续看衰Macintosh wonder team的时候，从不在乎世俗眼光、不人云亦云的乔布斯依然坚定："我就是要这样的人，只有他们才能讲出下一代的故事。"这支梦之队一炮而红，因为团队里有多样化的人才，乔布斯擅用每个人的优势，组成了一支无法被击败的零错误团队。

　　乔布斯不仅认识自己、了解自己，也非常了解每一位团队成员与合作伙伴。他创立苹果计算机时，找到的合伙人是史蒂夫·沃兹尼亚克（Steve Wozniak）。这个人是左脑外向型人，与乔布斯的思考模式大相径庭，他们合作无间，将苹果公司打造成全球影响力最大的科技公司。这样的用人学问，让同为科技界传奇的比尔·盖茨大为折服。2019年7月，比尔·盖茨在接受CNN《环球公共广场》节目主持人法里德·扎卡利亚（Fareed Zakaria）的采访时谈到乔布斯，特别提到乔布斯最厉害之处就是用人，他认为在挑选人才和激励人才上没有人可以和乔布斯匹敌。

　　不过比尔·盖茨的用人智慧也不差，他在挑选创业伙伴时，找的并不是跟自己个性相似的人，而是选择了一个可以永远挑战自己的保罗·艾伦（Paul Allen）。艾伦是右脑外向型人，刚好与左脑内向型的比尔·盖茨完美互补，最终推动微软成为世界上最成功的软件公司。

相较之下，很多经营失败的公司，问题都出在同质性太强的领导团队上。在微软之前，最大的软件公司是由王安创立的"王安实验室"，他的团队成员清一色是哈佛高才生，和王安有相同的思考模式。果不其然，不到 3 年时间，公司就被微软超越。

企业最怕一言堂。从零错误思维的角度，"一言堂"指的是同质性高、思考模式相同、缺乏互相挑战的团队或企业。一旦一家公司变成一言堂，决策就会不断出错，判断总是失准，直至失败，这是不变的定律。如果跟乔布斯工作过就知道，乔布斯的脾气很暴躁，让很多人都受不了，但即使每一场会议都以吵架收场，由于乔布斯爱惜人才，接受其他人的提议，最后总能做出较好的决策。因此，能够互相挑战的团队与公司，犯错的概率也相对较低。

一家企业成功与否，许多研究认为与领导者的风格密切相关。然而，我们的研究却发现，领导团队无论是中央集权，还是权力下放；无论是三层负责，还是五层负责；无论是鼓励型老板，还是疾言厉色型老板；无论是华人公司模式，还是欧美公司模式，每种模式都有成功的公司，而且成功的概率都差不多。企业成功与否的关键在于，领导者犯了多少错误、企业犯了多少错误。麻省理工毕业的台积电创办人张忠谋与鸿海精密创办人郭台铭是截然不同的领导风格，但是两人创办的公司却同样成功。乔布斯即使专制如暴君，依旧不影响他一手打造苹果公司成为史上最成功的企业之一，这些公司全都是零错误企业。

因此，对个人来说，了解自己属于哪种类型的人，可以避免犯错，也可以寻找性格互补的朋友来帮忙避免错误。对企业来说，组成一支囊括各种类型成员的团队，就可以打造出零错误团队。

左脑内向思考的领导者，可以寻找右脑外向思考的领导者来帮忙。因为左脑内向思考的人很容易犯下与沟通或人际关系有关的错误，而且看不到全局，这时，右脑外向思考的人就可以发挥长处（见图 3.4）。对一家企业来说，领导团队成员在思考模式与个性上的互补非常重要。

我们的研究团队发现，华人企业领导者跟欧美企业领导者有个很大的区别，就是团队成员的组成。欧美企业领导者从小就在球场或团体活动中感受到队员互补的重要性，但是多数华人企业领导者

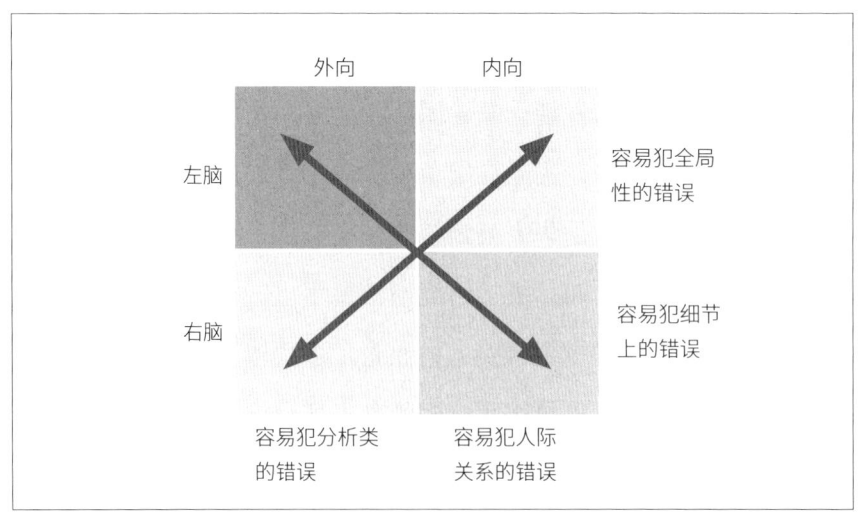

图 3.4　寻找思考模式与个性互补的团队

以前是优秀学生，大部分的时间不在球场或是参加团体活动，而是在补习班，因此不能了解到队员互补的重要性。这一点是好学生出身的华人企业领导者需要注意的。

就以我为例，我是一个左脑外向思考的人，因为我找不到右脑内向思考的人当合作伙伴，所以我的副手现在有两位，一位是左脑内向思考，另一位是右脑外向思考，他们分别补足我的一部分不足，而且我不在公司的时候，他们也可以互补。因此，领导者要达到零错误，必须找思考模式截然相反的副手来互补。左脑、右脑同等重要，一个有逻辑，一个有大方向，不能只看大方向没有逻辑，也不能只看逻辑没有大方向。创新与市场敏感度也同等重要、缺一不可，因此，4 个区块必须维持平衡。

个人要认识自己，组织也要认识自己。组织不仅要了解每一位员工的特质，还要了解整个团队的特质。如果团队成员全部都是左脑内向思考，可以预见将会时常发生与人际关系有关的错误，因为完全没有互补的人可以帮忙弥补错误。

我们分析过一家财务公司，发现他们的员工高达 80% 是用右脑外向思考的人，用左脑思考的人占比非常低。可以想见，这家公司的错误全部集中在与细节、数字等相关的分析上。原因在于，员工的思考模式过度集中于右脑思考模式。后来这家公司几乎破产，因为在计算利息和股票进出场的时机点上出错。最后，这家公司引进了几位用左脑思考的经理人，负责软件计算，才解决问题。

我们常分析各种成功企业，却从未正确掌握成功背后的模式，其实就是零错误。要将零错误方法化、习惯化、制度化，到最后变成一种文化。一旦知道零错误才是企业的成功模式，就能完美复制这种模式。

检讨分析小错误，才能防止大错误

知道自己与团队成员的特质之后，接下来进入零错误的第二关卡，就是检讨分析每个错误。一般人都知道检讨的重要性，但只有极少数人知道怎么分析。尤其从检讨分析小错误开始，因为每个小错误都是犯下大错误的前兆。这里先要说明大错误与小错误的区别在于产生后果的严重程度。小错误造成的伤害很小，大错误可能造成大灾难。就算是同一种错误，在两个截然不同的时空背景下，一个可能只是轻微的小插曲，另一个却可能会酿成大祸。

例如，同样是忘记带手机，在平常的日子里，可能只是老板、同事联络不到你，漏掉当日的交办事项；但如果你正好在国外接洽一位重要客户，很可能就会丢失年度大单，甚至还可能因此让工作不保。

又或者，同样是在分心的状态下，如果是开车经过一个车水马龙、交通繁忙的十字路口，可能会造成重大人员伤亡；但如果是开在一条人烟稀少的乡间小路上，也许只是造成车上人员轻微的擦伤。虽然犯的是同样的错误，后果的严重程度却天差地别。

能够在乎每一个小错误、养成检讨分析的方法与习惯，并找出方法补救、避免或改进，就不会酿成大错误，造成毁灭性的后果。

因此，要达到零错误，必须从每个小错误开始练习，牢牢掌握每一个小错误的修正机会，通过方法培养零错误的思维与能力，就可以防止大错误。我常说：每一个小错误都是上帝赐予的礼物，如果能够好好珍惜这份礼物，马上修正小错误，自然能够避免大灾难。

第二章中提到过美国电力公司前董事长罗伯·鲍尔斯，他在上完我的零错误领导力课程后，就非常积极地在日常生活中定期检视自己可能会犯下的单项弱点。面对这样的严重错误，鲍尔斯设计了一份单项弱点提醒单，写下生活中以及工作上可能犯的重大错误。这张提醒单就贴在门口的墙上，每天出门前，他会花3分钟检视。每个星期则会将所有的错误重新反省一遍，检讨自己是否有需要改进的方法与习惯，或者有任何补救措施。

因为他持续防止犯错，毫不意外地，他成为业界犯错率最低的知名电力公司的董事长。他在退休演讲中分享道："我一辈子学到的就是邱博士那两页的提醒单，我一直用这一张纸控制着7个州的所有电力跟水力，大家都说我很聪明，其实没有，是这张单项弱点提醒单的功劳。"

当然错误有大有小，在分析错误的时候，小错误只需要分析原因及对个人的影响，大错误的分析检讨就要更深入，不仅要找出原因，还要检讨对组织、制度和领导者的影响。

本章练习

---

* 你是内向型的人，还是外向型的人？你是用左脑思考，还是
  用右脑思考？

* 你认为自己最容易犯哪种错误？

* 你犯的错误是否跟零错误方法预测的一致？

第四章

打造快乐与成功的人生

零错误能带来快乐，快乐则会带来成功。

第一章中谈到，培养零错误思维，就能预防事故，避免出现重大危机。我们团队研究零错误方法几十年，发现零错误的功效不仅如此，更重要的是还可以带来快乐与成功的人生，这才是零错误的最高境界。

我认为，零错误能带来快乐，快乐则会带来成功。什么是快乐？我们定义的快乐是指一种喜乐、享受、满足、安全感与成就感，成功则是达到自己想要的成就。

人生的七大陷阱

我们都知道成功的人比较快乐，但他们是因为成功才会快乐，还是因为快乐才会成功？要了解这个因果关系，唯一的方法是确认快乐的人最后会变得很成功，还是成功的人最后会变得很快乐。2008 年，加州大学河滨分校完成一项重要的研究，他们利用大数据分析并跟踪许多参与测试的人，发现快乐的人最后都很成功。这意味着先有快乐，才有成功。

我们也做了一项独一无二的"错误与不快乐"的相关研究，访谈跟踪 300 多人，请他们写下人生中不同时期不快乐的程度，以及这份不快乐的心情持续了多久。结果发现，当受访者拥有极度不快乐的心情时，会让他有 50% 至 60% 的时间变得很不快乐，而且持续的时间长达十几年。为了了解导致人们不快乐的原因，我们请每一位受访者写下造成不快乐的是哪些事情，以及这些事情影响不快乐持续的时间。这段时间我们称为不快乐总时数。举例来说，如果一个人碰到婚姻问题，导致生活中有一半的时间觉得很不快乐，而且这种情况持续了 10 年，那么计算出的不快乐总时数就是 5 年。受访者中，平均的不快乐总时数大概占了其人生总时数的 50%，而快乐成功的人的不快乐总时数只占其人生总时数的 10% 左右。

我们研究发现，如果在下列 7 个方面犯下知识型错误，就会变得非常不快乐，而且因为很不快乐，所以也无法成功。这 7 个方面是：

1. 选择婚姻伴侣和工作伙伴

2. 追求与亲朋好友拥有高质量的人际关系

3. 选择职业

4. 选择人生目标

5. 追求知识

6. 面对可能沉迷其中的诱惑

7. 追求机会

举例来说，选择婚姻伴侣和工作伙伴时如果犯下知识型错误，找到性格完全不合的婚姻伴侣，或是目标完全不同的工作伙伴，双方可能天天吵架，无法沟通。这样不快乐的总时数会非常高，甚至高达 5 至 10 年。我们的研究发现，好的婚姻伴侣一定要有相同的性格、背景和责任感，而好的工作伙伴，一定要有共同的目标。

如果在追求高质量的人际关系上犯错，那么亲朋好友之间会互相猜忌，背地里互相陷害、讲坏话，不快乐的总时数也会很高。我们的研究发现，亲朋好友之间一定要互相体谅、互相支持，要有担当、有责任、抱持感恩的心，而且及时表达感谢之意。如果彼此关系不好，一定要停止往来，不然就会很不快乐。如果能和知心友人有共同的兴趣，如打球、爬山、旅游等，就会非常快乐。

选错职业，做了不喜欢的工作，或是工作内容与自己的个性不匹配，做一天就痛苦一天，不快乐的总时数当然也会很高。我们的研究发现，工作的性质一定要和自己的个性、习惯、资质天赋匹配。

在选择人生目标时，如果追求空洞又不切实际的目标，或是没有明确的目标，不快乐的总时数也会很高。现在很多年轻人的首要目标是自己当老板，不受公司束缚。不过，这个目标非常难达成，反而常常会变得很不快乐。我们的研究发现，想要减少不快乐的总时数，应该设定一个合理的目标，按部就班地达成。

在追求知识上出错，是指没有获得所需要的教育，也没有在新工作中学到求知的方法，导致工作的成效常常低于原先的期望，所以不快乐的总时数也会很高。我们的研究发现，在人生计划中决定自己所需要的教育程度，借此满足人生的目标，这是非常重要的事。同时，能运用零错误的方法寻求不懂的知识，可以减少不快乐的总时数。

面对可能沉迷其中的诱惑，如果无法克制，人生可能会掉入谷底。我们看到很多成功人士因为婚外情造成夫妻反目，或是受到利益诱惑而银铛入狱，他们的不快乐总时数并不低。这里的诱惑，指的是短期能得到快感，却会对自己或公司产生危害的事情，像吸毒、赌博、婚外情，等等。我们的研究发现，人生越成功，周遭的诱惑就越多，越要小心。想要避免沉迷其中，除了减少与这些诱惑接触的机会，也可以结交正直的好友来避免诱惑。

如果到手的好机会流失，也会让人不快乐，因为你可能会看着其他人因掌握机会而有所成就，自己却一事无成。我们的研究发现，如果能认知到机会来临，并及时把握、善加运用，不快乐的总时数就会减少。

总而言之，一个人能够在这 7 个方面不犯错，就会变得更快乐。当快乐的程度提高，工作的效率也会提高，人际关系变得和谐，知识累积更多，最后一定会成功。

在这项与不快乐有关的研究中，我们还看到一个很重要的现象。我们发现当受访者非常不快乐的时候，连带会对经济问题感到困扰。也就是说，如果受访者比较快乐的时候，经济问题一般不会影响他们的心情。这个发现和 2010 年普林斯顿大学安格斯·迪顿（Angus Deaton）的研究结果相似。普林斯顿大学的大数据研究发现，当美国家庭收入超过 7.5 万美元时，家庭成员的快乐程度和家庭收入无关。7.5 万美元是 2009 年的标准，如果放到现在来看，大概是 9 万美元。以台湾人均收入大约是美国人均收入的 41% 来换算，相当于每月收入 9.2 万元新台币。也就是说，在台湾，当家庭月收入超过 9.2 万元新台币时，钱就和快乐无关了。但是，当不快乐的总时数很高的时候，经济问题就会凸显，连带对没选对职业、没抓住机会或选错结婚对象的抱怨也会增加。

另外，我们的研究结果也可以辅助说明哈佛大学针对快乐进行长达 81 年的研究结果。哈佛大学从 1938 年开始跟踪 724 人，其中一半是哈佛大学学生，一半是波士顿普通居民。他们发现 81 年后，最快乐的人拥有良好的人际关系、家庭很和谐、有很多好朋友，也比较长寿。这项研究没有说明为什么这些人会有良好的人际关系，但是我们的研究发现，当在人生的 7 个方面犯错少的时候，人际关系就会变好，不快乐的总时数也会降低。

总而言之，人生的错误会影响快乐和成功，同时根据我们长期的观察，发现人生的蓝图就是一生中大错误排列组合所产生的结果。举例来说，在人生不同的时期犯下相同的错误，对人生的影响并不同。一个人在年轻的时候找了一个不合适的配偶，可能对他的求知和求学影响非常大；如果人到中年犯下这个错误，可能会对事业的成长影响非常大。一个人在年轻时让身旁的机会擦肩而过，创业成功的概率就会降低；但在年纪大的时候让身旁的机会擦肩而过，事业的发展就会受到阻碍。所以犯错不只会影响快乐与成功，也影响之后的人生蓝图。

根据我们的长期观察，我们发现，家庭因素对误入这 7 个陷阱有非常大的影响。一个在成长时期没有父亲养育的孩子，长大后比较容易犯下无法克制诱惑与选择人生目标的错误；一个在成长时期没有母亲养育的孩子，长大后比较无法与亲朋好友拥有高质量的人际关系；在一个受宠爱的家庭中长大的孩子，长大后在管理机会上比较容易犯错；在一个不在乎追求知识的家庭中长大的孩子，在选择职业和追求知识上比较容易犯错；在家庭里受到暴力虐待的孩子，在择偶方面比较容易犯错。

有位学员问我："我的家庭有很多问题，要怎么改变家庭因素对我的影响呢？"我的回答是："大概有一半的人有不同程度的家庭问题，这并不代表这些人就一定不快乐。因为如果一个家庭有问题的人可以了解自己受到的影响，在哪里会犯下比较多的错误，他就会用零错误方法特别关注那些地方，这样的话，他就和平常人一样了。最怕的就是不知道家庭问题对你的影响，或是知道以后却不去改善。"

努力与否并不是决定成败的关键

有位学员问我："小时候，老师教导我们努力就一定会成功，不努力就不会成功，却从来没有说过成败与错误的多寡有关，难道老师教错了吗？"我思考了一下，觉得他的问题抓到了零错误的重点。我回答说："一般来说，努力的人比其他人更少犯下该做未做型错误，不努力的人比其他人更常犯下该做未做型错误。所以老师的说法大致上是对的。但是，最后成功与否的关键，依然是由错误的多寡来决定的。努力的人不一定可以得到想要的成功，不努力的人也未必会失败。"

为了帮助他理解，我举了两个例子来说明努力不代表会成功："第一个例子是我朋友的孩子，他从小双手就非常灵巧，喜欢动手做手工艺，也很努力读书，最后考上了台大的植物病理与微生物学系，而不是他自己向往的牙医系。最后他在农委会找了一份工作，十几年来都不快乐。这代表努力被选错科系埋没了；另一个例子是我好友的太太，她每天都很早起床准备孩子的便当、送他上学，平常就帮小孩看作业抓重点，晚上盯着他做功课。最后，她的小孩成了妈宝，长大以后，凡事总是听妈妈的话，没有办法自行做决定和独立生活。这个小孩就是因为妈妈在错误的教育方法上过于努力而埋没了。"

我看那位学员还是满脸疑惑，于是又举了一个例子："这个例子是我在麻省理工的同学，他喜欢上了隔壁拉德克里夫学院的新生校花。他对校花一见钟情，努力追求她。早上送花，晚上去教堂祷告，希望上帝帮助他追到这位女孩子，他还弹吉他唱歌给她听，又天天写情诗给她。我毕业 3 年后，他们总算结婚了。但是，当我们 20 年后再见面，他却说这是他犯下的一生中最大的错误。他们个性不合，一直吵架，就连两个小孩都大受伤害，他也无心工作，失业很久了。这个就是在选择婚姻伴侣上用错努力而无法成功的例子。"

我又举了一些反例来说明。我说："就算是不努力，只要不犯错，也是可以成功的。有个跟着我工作了 30 年的员工，以前跟我日夜奔波，处理危机，他很努力地工作。有一天他跟我说，他找到成功的捷径了。他要辞职，然后把他和朋友存的钱投资到有零错误思维的公司里。他退休以后，有时会打电话给我谈哪些公司是零错误的公司，电话是从高尔夫球场或豪华游艇上打来的。他的投资非常成功，赚的钱比原来的薪水多 10 倍，这可以证明决定正确比单靠努力来得好。"

我反问这位学员："你有没有一些付出很多努力却没成功的例子和没有付出什么努力却很成功的例子？"他说："我的情况跟你说的例子很像。我从小就很努力念书，考上了台大外文系，现在做英文编辑，做得很不快乐，因为我的兴趣是当电视台记者，毕竟我的个性蛮外向的。我该怎么办？"我回答说："你因为工作内容与自己的个性不搭，所以不快乐的总时数大概非常高吧，未来成功的概率也会低很多，不如你去旁听新闻系的课，找一个电视台当个实习记者，如果未来工作做得很好，而且做得很快乐，老板一定会赏识你，让你实现心愿。"

努力与否只是我们用投入的时间和力气来分辨人的一种方法，但并不代表一定会成功或不成功。我们的研究发现，努力的程度和3个心态有关：使命感、热情、愉悦感。当拥有其中一个心态时，就会让你付出努力。当这3个心态都具备的时候，就会超出生理和心理的极限去努力。这3个心态从小就要培养。父母和师长要引导小孩了解，付出努力不只是为了自己，也是为了服务别人，同时父母和师长也要鼓励和发觉小孩对某些特定事物的热情，然后鼓励他们，让他们对那件事产生愉悦感，这样的话，他们会对那件事情付出更多努力，借此达到超出常人的成功。当小孩长大之后，使命感、热情和愉悦感则要靠自己和公司的制度来培养。

从失败原因中找出成功的途径

许多人研究成功学，试图找出成功的共通性，复制这些成功。然而在复制的过程中却成效不彰，原因在于，每一个成功的案例都有不同的时空背景，无法找出共通性。但如果换个角度来看，我们的研究团队发现，从失败者犯下的错误中找出可以避开的陷阱，进而从中学到教训，更能有效地达到成功的目标。因为错误有很强的共通性，所以唯有避开类似的错误才能复制成功。对此，比尔·盖茨就说过："庆祝成功很好，但更重要的是需要注意失败带来的教训。"

阿里巴巴的创始人马云也有类似的看法，他认为企业成功的经验各有不同，但失败的教训是相似的。在一次公开的演讲中，马云说："我花时间最多的事情，是研究一个公司是怎么失败的，我给阿里巴巴所有高管推荐的书，都是讲别人怎么失败的，因为失败的原因都差不多，都是那四五个很愚蠢的决定，但是很多人会觉得，这么愚蠢的错误，只有别人会犯，我怎么会犯。但即使提醒了你，你还是会犯。MBA把很多东西固化了，MBA的教学案例都是教张三怎么成功、李四怎么成功、王五又怎么成功，学了太多成功的方法后，你反而不知道怎么做事了，觉得自己飘飘然。"

鸿海精密的创始人郭台铭也说过："成功是最差劲的导师，只会带给你无知和胆怯，却不能带给你下一次成功的经验和智慧。""错误并不可怕，可怕的是一再犯同样的错误。"不管是马云还是郭台铭，在我们的研究中，都属于有零错误思维的领导者，而且他们都认为，成功不可复制，只有分析失败的原因，才能从中找出成功的途径。这与我们的研究不谋而合。

独一无二的快乐成功学

零错误可以帮助每个人更快乐、更成功。这是一套一体适用的方法，无关乎贫富、阶层、性别、年龄，都能适用。这个时代里，穷苦的人活在错误很多的世界里，因为知识不足，陷入犯错心态的概率也比较高（第五章会讨论 5 种犯错心态）。如果知道零错误的方法，就可以避开这些错误的心态，也不会阻碍他们获得成功。

2019 年诺贝尔经济学奖得主是任教于麻省理工学院的阿比吉特·班纳吉（Abhijit Banerjee）和艾丝特·杜芙若（Esther Duflo），以及任教于哈佛大学的迈克尔·克雷默（Michael Kremer）。他们的研究是从社会的角度探讨贫穷问题。他们认为救济穷人没有效，解决贫穷问题应该改善他们的思维和决策质量。虽然我们的零错误研究是以个人和企业为主，但结论与这 3 位学者的想法不谋而合。

零错误也是一套可以立即实行的方法，今天了解零错误的思维，就可以马上实行，你就会比前一天变得更快乐、更成功。要养成零错误的习惯并不是很难，也不用花很多时间持续练习才能上手。

零错误是一套防范错误发生的方法，因为提前预防错误，所以花在处理错误上的时间就少了。很多失败的人与公司只是忙着处理过去犯下的错，结果越处理越糟，陷入恶性循环。只有零错误方法能够帮助人们跳脱出这种困境。

零错误是持续有效的方法，这是用科学知识、大数据和方法论产生的结晶，并不是一套哲学。所以今天零错误带来快乐和成功，100 年后零错误也会带来快乐和成功。这套用 3000 多年历史分析出来的方法，100年后一样不会改变，只会更精细与自动化。

运气带来的成功并不会持久。有时候运气好，天时地利人和都具备，就成功了。成功的人自己也不知道是什么原因带来的成功，但是当天时地利人和不都具备的时候，可能就失败了。成功的人能知道究竟是靠运气还是靠零错误思维来成功的，这需要很高的智慧，不然一次成功之后，接下来迎接的都是失败。我常常跟学员说："一个只成功一次的人可以帮助人类进化，如果他连续成功，就会给后人提供很好的成功案例，如果他接下来失败了，他也可以帮助到人类，因为他是人类研究失败很好的案例。"

而且，零错误思维很独特，能够一体适用，可以立即实行，还能持续有效。只要每个人都达到零错误，无论个人还是企业，都可以因此变得更快乐、更成功。

本章练习

* 检视人生的 7 个陷阱，你在这些陷阱中犯过知识型错误吗？

* 面对自己犯下的错，你现在能够改进，并让自己朝快乐与成功迈进吗？

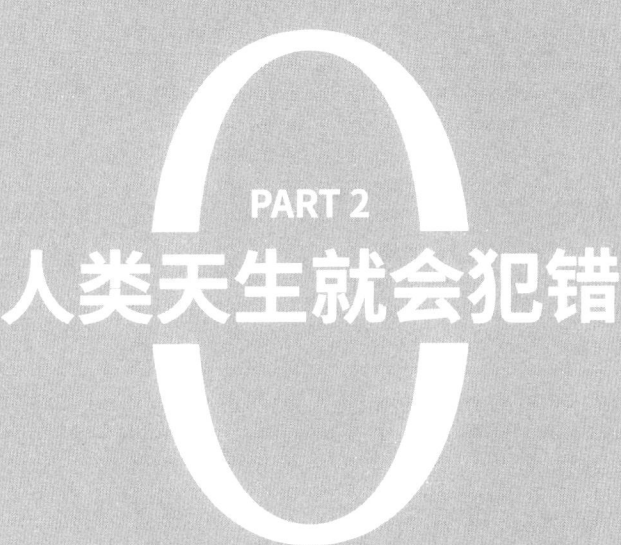

PART 2
人类天生就会犯错

第五章

知识型错误

　　知识型错误可以说是决策者的噩梦，因为决策者拥有绝对的权威，因此员工很少会去挑战他们的决策，只会盲从。一旦决策者做了错误的决策，例如该做的没做，要做的做错，就会导致严重的后果，甚至造成整家公司倒闭。

　　在 3 种人为错误中，知识型错误是每个人每一天都会发生的错误，也是最严重的错误。如果犯下这种错误，企业可能会倒闭，国家可能会灭亡。

　　如同第一章中谈到发动战争是最典型的知识型错误。第二次世界大战时，轴心国德国与日本打到国家几乎都快灭亡了。很难想象，为什么在这两个国家内部几乎听不到反对的声音？

　　我们的研究发现，这与生长环境有关。就以这场伤亡惨重的世界大战为例，德国跟日本的教育从小要求学生服从，跟美国提倡的让学生独立思考截然不同，他们通常比较相信权威性的言论，愿意服从权威性的指导。所以当希特勒主张雅利安人比全世界其他民族更优秀时，几乎没有人挑战他的说法，因为大家都喜欢听别人说自己是最优秀的人。日本也一样，当政府提出"大东亚共荣圈"，要统治亚洲其他国家的人民，帮助他们过上更好的生活时，也几乎没有一个日本人提出质疑。因为这两个国家的文化与教育比其他国家更强调服从，于是，人民的盲从在一定程度上造成了德国与日本犯下历史大错。

　　根据我们的研究，知识型错误是决策者的噩梦。如果没有使用零错误方法，错误率短期会高低起伏，长期来看则会逐渐增加，只要连续出现几个大错误，就会造成企业一蹶不振。如果决策者无法分析其中犯下的知识型错误，企业就无法重振雄风。我们可以举一个例子，那就是 2018 年启动"境界成就计划"后状况百出的台湾南山人寿。南山人寿自己分析说，因为过度自信犯了几个知识型错误，在新的企业资源规划系统上线时，并没有先进行试点，来渐进改善流程，而是冲劲十足地想要带领保险业创新，在这样的过程中，不但赔了上百亿元，也遭到台湾地区金融监管机构开罚。了解错误的原因后，再重新站起来就容易了。

在研发第三代零错误方法时，我们公司一位麻省理工学院的博士詹姆·奥摩斯（Jaime Olmos）发现了一种大数据分析和人工智能方法，来找出知识型错误的根本原因。我们发现，该做做错的知识型错误来自两个方面，一个是 5 种心态，包括盲从、过度自信、不知道自己的无知、陷入旧思维、选项只有二选一；另一个是能力和做事方法。当能力差、知识储备量较少时，犯知识型错误比较多；而在做事方法上，如果无法控制上述 5 种心态时，就会犯错。

该做未做的知识型错误来自 3 种心态：缺乏使命感、缺乏热情、缺乏愉悦感。这 3 种心态对个人的成功和失败有相当大的影响，但是在企业中，该做未做的知识型错误大多是由于缺乏制度，或是决策者缺乏对制度的认知所导致的，和员工的心态无关。

知识储备量越多，犯下的知识型错误越少，也越能控制容易犯错的 5 种心态。台积电的创始人张忠谋，他一直坚持阅读与学习，总是强调综合知识储备的重要性。他广泛阅读诸如经济、政治、历史等类型的图书，平日一天大概花 3 个小时在阅读上，到了周末还会花上 6 到 7 个小时。

盲从

造成知识型错误最常见的心态是盲从。盲从常常发生在面对权威的时候，对权威人士的言论、思想和主张照单全收，没有丝毫怀疑，不去挑战这些主张背后的假设。在青少年时期，父母、师长是权威人士；进入社会后，权威人士变成了老板、客户。如果我们完全相信他们的话，没有质疑他们的想法，只是一味盲从，就容易犯错。

盲从的错误在于相信权威人士提供的错误信息。历史上，由于假信息造成的重大错误比比皆是。三国时期，周瑜故意棒打黄盖，制造两人不合的假象，然后让黄盖带着数十艘载满薪草、膏油，外用赤幔伪装的战船，假意投靠曹操。接着，黄盖下令点燃船上的茅草，发起火攻，导致曹军全军覆没。曹操因为相信了假情报，在赤壁之战中吃了大败仗，失去了一统中原的大好时机。这么重要的信息却没有查证，就是因为盲从。

对企业而言，有多少信息是错的，有多少信息是没有经过证实的，还有多少信息可能是竞争对手故意丢出来的假消息？在现代的信息战中，分辨信息真假是很重要的工作，但是盲从的人只会听信权威性的信息，完全不去证实信息是否正确。正因为盲从的现象非常普遍，导致知识型错误如此泛滥。

从古至今，各种假信息充斥，为何人们总是倾向于相信假信息，分辨不出信息的真假？原因就在教育。在成长过程中，我们被教导要听从父母、老师的指导，要相信权威人士提供的信息，长大后我们还保持这个习惯，只要与权威沾上边，例如新闻报道的、书本所写的，很多人很轻易就全盘接受了。即使信息来源并不可靠，逻辑也有问题。当希特勒说雅利安人是超越其他民族的优越民族时，没有人去问雅利安人到底是什么人，为何会超越其他民族？ 7900 多万人都相信这个来自权威的说法，结果是集体迫害其他民族，造成历史上最严重的人为错误。

成绩越好、学历越高的学生，越容易犯下知识型错误。他们从小就被教导要听从父母、老师的指导，长大后没有质疑信息及知识来源的能力，结果就落入盲从的陷阱。

过度自信

第二个造成知识型错误的心态是过度自信。如果持续抱持这种心态，久而久之就会膨胀自满。当一群自满的人聚集在一起，就变成自满的团队或企业，一旦一个团队或企业充斥着自满态度，距离失败就不远了。

自满的最大特点就是停止追求进步，许多该做的事都因各种原因忽略掉了。一家自满的公司，首先会削减新产品的研发经费，甚至把经费削减到零，因为领导团队认为公司的产品在业界已经是龙头地位，无人可以匹敌。当领导者这样想，下属自然也就不需要自我检讨、分析自己的优缺点，更不会审核做的决定对不对。

我们常常跟各大公司的领导人见面，通常 5 分钟内就可以分辨出这个人是不是过度自信。过度自信的人总是喜欢沉溺于小成功、小确幸里，例如某项比赛得了第一名，比对手招到更多名校毕业生，等等。他们滔滔不绝地专注于过去的丰功伟业，却避谈缺点和改进方法，例如产品上市遭遇何种阻力，为何某个产品一直在赔钱，或是员工一再出错。因为他们一直找不出错误的原因，导致公司的犯错率越来越高，越来越常发生事故。如果你注意业界拥有领头羊地位的公司，你会发现他们的领导人通常很少谈这些小确幸、小成就，他们谈的都是面临的挑战及想法，与过度自信的人截然不同。

就跟盲从一样，过度自信也与从小受到的教育有关。何谓过度自信？就是某件事情已经超出自己的能力，却没有自知之明，依然不顾后果地把事情做完。而哪些算是超出能力范围的事？就是以前从没做过的事。

许多父母望子成龙、望女成凤，因此常常会对子女过度要求，或者过度鼓励子女。我的太太也会这样。我的一个儿子7岁时去游泳，一开始游得很不好，游了4圈觉得非常累，想要从泳池里爬出来。但我的太太鼓励他说："你可以游完第5圈，你的能力和肌肉绝对没问题，你一定要游下去。"他说："我累了，手也好酸。"但我的太太继续说服他："你绝对做得到，你是最好的游泳健将。"他被说服了，继续游第5圈。游完后，他很高兴地跳起来说："我真的可以游完5圈，我的同学没有人可以游完5圈。"后来，他得了游泳冠军。

我跟太太说，这样的要求已经超出他的能力，但我太太认为，这就是成长的过程，一定要让孩子做超出能力的事，他才会变成优秀的人，才会成功。她叫我不用担心，因为如果小孩沉下去，她是游泳健将，马上可以救他。

我的另一个儿子常跟着我滑雪，水平跟我一样，很普通。我太太跟他说："你完全没有发挥出滑雪时该有的潜能，你应该滑得更好。"所以我太太就带他到最危险的高山，从直升机上跳下去滑雪，当时他才 11 岁。后来他得了全美青少年滑雪冠军。我们住在很少下雪的加州，全美青少年滑雪冠军还是第一次由加州人拿到。他很高兴地跟我说："爸爸，我得到冠军了。"我太太也很得意地说："你看我把他的能力推到极限，他真的成功了！"但我的两个儿子都在做超出能力的事。

游泳池或滑雪道是相对安全的人工环境，周边还有保护措施与救护人员，超出能力做事并不会引起无法收拾的后果。但是在社会或职场中，面对的往往是一片荒野、一片汪洋。一旦超出能力做事，常常会造成重大损失与伤亡。这时一旁不会有救生员，也不会有保护措施。因为过度自信而出错，可能不仅会赔上自己的性命，也会造成大量的人员伤亡。

当遇到超出能力的事情时，很少人会想到必须请教他人，或是必须静下心来分析风险，想想因应对策，再采取行动。因为在我们的成长过程中，屡屡被要求要超出能力做事，认为这样才可以成长、进步，而且这样做还会得到很好的成绩。我的两个儿子一个是游泳冠军，一个是滑雪冠军，所以长大以后他们都觉得，只要超出能力做事，就可以成为冠军。

但是在社会里，当你第一次做一件事，或是做一件复杂的事，都是在做超出能力的事，没有人会在旁边及时救援。而且过度自信地去做完全不熟悉、没学过的工作时，出错率会增加 10 倍。但我们从小就被这样教导，如果不在长大前改变心态，导致长大后出了错而不自知，结果可能会造成他人的伤亡与损失。

不知道自己的无知

第三个造成知识型错误的心态是不知道自己的无知。以为自己知道的知识已经够用了，没有在需要新知识时，快速打开视野和寻求知识。井底之蛙永远不知道天有多大，同样的，无知的人永远不知道知识的大海有多广。庄子说："吾生也有涯，而知也无涯。"无知会让人看不见自己所需要的知识。知识是无止境、无限多的，企业领导者即使拥有再漂亮的学历，甚至拥有名校博士学位，但其所拥有的知识还是有限的，因为大部分的知识都是边做边学，从经验中获得的。

一个人不知道自己的无知会造成很多问题。一般人会觉得企业领导者很厉害，可以解决所有困难。所以当领导者因为无知而乱做决策时，大部分人仍然以为他是对的，这就是盲从了。领导者因为无知，所以常常做出一些错误的决策，因为他不知道自己不知道这件事，所以错误会不断重复。

刚到国外求学时，令我感到震撼的是美国很多名教授授课时没有教科书。我在台湾念书时，物理老师会指定教科书，学生只要读完教科书，就可以应付考试。到了麻省理工，第一堂课是高能物理学。整堂课上完，教授都没有说要用什么教科书，也没有一个学生带书上课。我觉得很奇怪，就跑去问老师："老师，你要考哪一本书？"老师反问："什么书？"我还是不放弃地问："教科书啊，你要指定哪本书当教科书？这样我才能考试啊！"老师这才听懂，他解释说第一天有发一整页纸的参考书单。我一时还无法接受没有教科书这件事，我说："那不公平啊，没有教科书，我怎么知道你考哪一本？"老师有点不耐烦地说："你全部都要读，而且不止读参考书。"果然，参考书仅供参考，考试时许多考题根本不在书本上。

我们从小接受的教育是答案都在教科书上，所以我们以为人生中所有难题的答案也都在教科书上，教科书就是标准答案。进了社会，才发现人生的各种考试都不是考你知道的事，而是考你不知道的事。知道跟不知道的比例约为1:3，因为知道而犯错的概率只有25%。在现实社会里，大部分的错误来自因为不知道而犯下的错误，犯错的概率高达75%。

美国跟中国台湾在教育方面最大的区别，就是一个考课本外的知识，一个考课本内的知识。中国台湾只考课本内的知识，所以久而久之很多学生只看到自己看见、已知的东西，无法看到没有看见、未知的东西。因为我们从小没有被培养自己去找问题、找资料、找专家咨询、找答案，也没有被培养如何把未知的部分变成已知。

陷入旧思维

除了不知道自己的无知，还有一个很难自我察觉的错误心态，就是陷入旧思维。陷入旧思维，就是将过去的人生经验与思维当成公式，套在未来。以前投资时花了很多钱，就因此认定这个投资会增值，却不去分析过去与现在是两个完全不同的时空环境。结果被过去的经验困住，从此很难跳脱而有所进步。

会陷入旧思维也与教育有关。我常常跟朋友说，如果碰到一座山挡路，华人会鼓励大家要有愚公移山的精神，用铲子一点一点地把山铲平；美国人的观念则完全相反，遇到一座山阻挡在前面，就会绕道，根本不会去铲平那座山。美国人认为，永远要找一条捷径，努力找到一个成本最小、效益最大的方法。

这种观念是需要从小培养的。事实上，我们从小被要求遵守各式规矩、各种传统，却不管很多规矩、传统已经不合时宜。因为没有一套方法来修改规矩和传统，没有让规矩和传统与时俱进，所以永远陷在旧思维里。

现在整个社会还是以旧思维为主导。看看台湾的"立法机构"有100多位"立法委员"，每天想的都是如何制定新的有关规定，结果新的有关规定不断增加，却很少把不合时宜的有关规定废除掉。随着时代的变迁，一定有很多过去设立的有关规定不符合现今社会的需求。但是"立法机构"里并没有一个"委员会"，专门研究哪些有关规定已经过时，不符合民众需求，必须删除或改进。我们有个根深蒂固的观念，认为法律或有关规定永远是对的、不可动摇的，这就是陷入旧思维的错误。我们习惯依赖与放大过去的经验、知识，以古为尊，死守法规，不希望去改变它。美国用的是公民陪审制，不合适的法律慢慢地被陪审团认为不合时宜而淘汰掉。埃隆·马斯克也说过："不要自欺欺人地认为某件事情正有所进展，但实际上却不然，否则你会被错误的解决方案所束缚。"

选项只有二选一

第五个常常出现的错误心态，是选项只有二选一。长久以来，大家都习惯从两个选项中选择，例如美国人投票时选择共和党或民主党，上学时选择上公立学校或私立学校。从小到大，我们都习惯只在两个选项中挑选。但是，选项只有二选一只能展现你的喜好，展现你喜欢一个选项，不喜欢另一个选项。但实际上，共和党和民主党代表的是政治的两个极端，通常最好的选项会是两者的混合体。如果选项能够扩充为五个，从中选出一个，才能算是真正在做决策，而不是表达喜好。因为当五选一时，就必须思考什么是对的，什么是最好的。

只是如果马上要我们从五个选项中挑选一个出来，大部分人会很慌乱，不知如何选择。毕竟我们长久以来早已习惯在两个选项中做选择，真的要分析五个选项的利弊得失，然后从中挑出最好的选项，实在是很困难的事情，自然我们常常会掉入二选一的陷阱。

但是决策不该只是表达喜好，更不能只根据喜好来判断。我们在麻省理工学院的研究发现，好的决策至少要从五个最好的选项中做出选择。"五选一"可以将决策成功的概率提高到90%，如果是"二选一"，决策成功的概率只有30%。

只表达喜好的"二选一"决策模式也是我们在成长过程中逐渐养成的。你的母亲可能会在早餐前问你："你要吃面包还是稀饭？"你可能会回答："我要吃面包。"这样的回答展现的是你的喜好。我的小孩也一样，我的太太每天会问小孩："你要吃中国菜还是美国菜？"全都是由喜好主导。

有一天我跟太太说："这样不行，小孩已经10岁了，我们要开始培养他做决策。"我太太问："要怎么培养？"我告诉她："从现在开始，每一个问题至少要有3到4个选项，因为3个以上的选项就不能只表达喜好，他就要开始思考哪个选项好，哪一个选项不好，哪一个选项简单，哪一个选项难。当他在比较的时候，就是在做决策。"

有一天，我这样问我的小孩，我说："我们要去哪里吃饭？你今天要吃德国菜、意大利菜、中国菜，还是美国菜？"当我讲完这4种选择以后，我的小孩像呆瓜一样愣住了，不知道该怎么选。首先，他要开始思考自己的情况有什么限制，比如因为功课还没做完，所以吃饭时间只有1小时，因此，餐厅的远近成为重要标准。其次，还得考虑餐厅的上菜速度，中餐上菜比较快，德国菜要在1小时内吃完不太可能。最后，他经过考虑分析之后，决定吃中餐。

做决策是一个很大的挑战，我们从小被教导表达自己的喜好，而不是被教导如何做决策，换言之，从小我们就被培养成这种错误的心态而不自知。有时候，特别强势型或保护型的父母会不让小孩做决策，这样长大的小孩，做决策时常常考虑不周全，犯错率更高。

从小不自觉就养成犯错的心态

每个人都学过历史，历史课程也是内容最古老的课程。历史老师总教导我们，学习历史可以鉴古知今，吸取历史教训，避免重蹈覆辙。然而，事实却并非如此。各个朝代、国家兴盛衰亡的模式如出一辙，兴起于兢兢业业、励精图治，亡败于骄傲自满、好大喜功。历史上各朝代的兴衰模式大同小异，为何新朝代的领导人无法跳出历史轮回，带领人民避开下一轮的战乱？

我们每个人辛苦地学习历史，3000 多年来难道没有改进 1%？按理说，如果 20 年 1 代能改进 1%，3000 多年下来，应该早就零错误了，为什么人类的错误率还在继续攀升？同样的错误还是不断出现？因此，很多人问我，为何历史错误总是不断重复，并没有改进？这个问题，我和团队思考了 30 多年，几乎每天都在想为什么会这样。最后，我们研发团队在大数据分析和跟踪犯错者的心态及成长过程后，终于找到答案：因为人为错误的循环与我们的成长有关，每个人在成长过程中被养成容易犯错的心态，所以上一代学到的教训不能有效地改变下一代。

在小孩的成长学习过程中，父母会说："你不要顶嘴，要听爸妈的话。"老师也会说："你要听老师的话，我教的东西要认真背下来。"日本、德国的教育都是以严厉著称，他们教出来的学生具有很鲜明的服从性格。孩子必须绝对服从，父母或老师才能有效地传播大量知识。如果每个学生都挑战师长的权威，质疑每一个知识的来源与正确性，那教育的速度会太慢，所以为了让教育能顺利传播知识，才要求学生要顺从、听话。这样就可以解释在第二次世界大战中，1.4 亿德国人和日本人都盲目地遵从希特勒和日本天皇的指令，没有挑战领导人的假设。

小时候被要求要服从权威，在成长的过程中将思考定型，长大后，就不知该如何挑战假设。长大后面对现实环境，经历各式各样的失败挫折，我们才从现实经验中慢慢学到不能盲从，要独立思考，要挑战权威，要了解自己的弱点，不能过度自信，等等。但是等到自己成为父母或师长，开始教育下一代，又落入旧思维，为了知识传播的方便与效率，灌输给下一代权威思考，于是又开启新的错误循环。

为何历史错误一再重复？就是五大错误心态不断被复制，使得人们不断落入这五大陷阱，重复犯错。如何跳脱出错误的恶性循环？唯有从改变错误心态做起。

如果我们调整小时候培养的错误心态，长大之后，错误率就会下降。我们观察到，如果没有调整，长大以后的错误率就会很高。小时候特别乖的孩子，长大以后更容易因为盲从而犯错；小时候年年被评为模范生的孩子，长大以后更容易因为过度自信而犯错；小时候只读教科书的孩子，长大以后更容易因为不知道自己的无知而犯错；小时候不参加课外活动、不打工的孩子，长大以后更容易因为陷入旧思维而犯错；小时候被父母过度保护的孩子，长大后更容易陷入二选一的决策陷阱。

另外，我们也针对大企业里既盲从又过度自信的领导者进行分析。一般过度自信的企业领导者，常常会让人感觉到他能够超出能力做事，所以升迁速度一般也比较快。但是因为过度自信，不相信人才的重要性，所以团队中多以听话的成员为主，这使他的团队常常出错。加上他又盲目相信团队给的许多错误计划和决策建议，不去挑战其中的假设，结果常常造成失败。

我们公司里有些专家称这种企业领导者为跳崖者，意思是指这些领导者升迁迅速，没有机会检讨自己的错误，等到升到最高的位置时，犯下单项弱点的大错误，就跳崖阵亡了。

在低生育率的趋势下，越来越多的人没有兄弟姊妹。很多人问我说："我是独生子，父母非常宠我，你说我在决策上的考虑可能无法周全，有什么方法可以补救？"面对这个问题，我都会回答说："只要知道自己的缺点，用零错误的方法来做决策，这个缺点就可以弥补了。最怕就是不知道自己有什么缺点，或是知道这个缺点却不主动改正。"

决策者的噩梦

知识型错误可以说是决策者的噩梦，因为决策者拥有绝对的权威，因此员工很少会去挑战他们，只会盲从。一旦决策者做了错误的决策，例如该做的没做，要做的做错，就会导致严重的后果，甚至造成整家公司倒闭。手机霸主诺基亚、底片大厂柯达等都是前车之鉴。公司越努力执行错误的决策，就会离成功越来越远。

我们调查了很多因决策错误造成公司倒闭的案例，发现许多CEO 都有一个共同的问题，他们几乎不知道自己犯了什么错、错误的根源在哪里、应该如何预防。就算在众人的挞伐声中离职，或是在公司倒闭后自动解职，他们在事后的多数时间里还是在滔滔不绝地讲述以前的丰功伟绩，避谈失败。至于问到他们为什么会失败，大多数的人只会归咎于大环境不好，或是对手太强，根本不知道自己已经犯错，以及究竟错在哪里。会客观分析和承认自己做错的人少之又少。有些失败的老板能重振雄风，就是因为能正面客观地分析自己的错误，并及时改正。乔布斯和埃隆·马斯克都是被自己创办的公司开除后，沉淀一段时间才重新开始他们的黄金时代。决策者如果不知道自己犯了什么错，就不可能预防未来继续犯同样的错误，只能让这场噩梦不断重现。

破解 5 种心态陷阱

当我们的团队终于找出历史错误循环的根本原因后，就开始开发领导力的培训，从领导人开始培训，教他们调整心态。首先让他们知道每个人都有这 5 种心态陷阱，而且成绩越好、成就越高的人陷阱越多，因为他们比一般人更加过度自信与盲从，比起从小爱玩、不读书的学生，好学生需要花更多的努力来打破错误的模式。除了改变错误心态外，我们也教他们运用各种制度和方法，来保证达到零错误。

第一个是破解假信息。方法就是建立信息检核中心。每一个新信息，只要对决策或公司有重大影响，就要核实这个信息的来源，以及它的合理性。这样就可以防止误信假资料或错误的信息，造成错误的决策，进而避开盲从的陷阱。

第二个是避免过度自信。当所有人都过度自信，整家公司就会变得过度自满，那要如何预防呢？需要建立错误检讨制度，一旦有很强的错误检讨制度在检讨自己的错误，并且检验自己的能力上限，将做过和没做过的事情梳理清楚时，就可以清楚知道自己到底有多大的能力。

第三个是设立知识寻求制度。当遇到没有做过的事情时，就一定要有审查制度、辅助制度、以及知识寻求制度，以防止决策者或员工犯下过度自信的错误。寻求知识的方法很多，可以咨询有经验的人，或是找相关资料做分析。当决策者开始自觉地避免摆出过度自信的态度时，遇到不懂的事情就不会莽撞行事，犯下超出能力的错误。

很多决策者只知道书本内的东西，并没有学习怎么去找寻书本外的东西，但人生的失败多在书本外我们不知道的东西上。因为每个人的知识经验都有局限，唯一能解决的办法就是寻求有这个知识或经验的合作伙伴或工具。前面提过，如果要让决策者零错误，需要找一个个性和思考模式完全相反的人来互补，因为这样的人学到的东西跟你完全不同、兴趣也完全不同，因此常常可以知道你不知道的东西，与这样的人合作，就可以避免不自知的无知。

至于要如何防止落入旧思维呢？就是要定期检讨、审查制度与策略。关于这一点，历史上有个很好的范例，就是西罗马帝国与东罗马帝国。从罗马帝国分出来的西罗马帝国与东罗马帝国有着截然不同的命运，西罗马帝国不到 200 年就被日耳曼民族灭亡，但是东罗马帝国却可以延续政权长达 1000 多年，为什么西罗马帝国会失败？东罗马帝国会成功？

就经济实力而言，东罗马帝国更为富有，西罗马帝国相对贫穷，除却经济因素之外，更关键的原因是西罗马帝国穷兵黩武，但是没有人反省穷兵黩武的做法是否为人民所接受，是否对国家真有益处。

与西罗马帝国相反，东罗马帝国是以宗教治国，信奉东正教，教义严明，没有到处征讨的军队，因此领导人对人民利益相当重视，决策也非常有效率，随时可以因应局势的变化做出调整。所以最后东罗马帝国成功抵挡住野蛮民族的入侵，并且维持政权长达 1000 多年。在中国有两个朝代也有同样的情况，一个是周朝，另一个是秦朝。周朝以礼治国，秦朝施行严刑峻法、穷兵黩武，结果周朝存续790 年，秦朝存续 14 年。

因此要防止落入旧思维，就要设立制度，定期审核公司的法规是否符合最新需求。当市场有所变化时，应随时审视新产品的研发周期能否跟上市场变化，赶上竞争对手。每隔一段时间就要重新审查，因为过去的成功不代表永远的成功。

最后，要做决策时，一定要提出 5 个方案来分析。分析的内容包括利弊得失、长短期的影响分析等。大部分的决策错误出在只考量 2 种选择，因此错误率很高。

上述 5 种心态是知识型错误的最大根源，我们的分析发现，这些知识型错误都可以预防，当错误快要发生的时候，就可以用各种预防的制度来预防，人类就可以跳出历史错误不断重复的怪圈，从而达到零错误境界。

本章练习

＊ 列出自己犯过的最严重的 3 个知识型错误。这些错误是由哪
种心态造成的？未来你要如何预防这些错误的发生？

第六章

规则型错误

　　一家公司赚不赚钱，和标准作业流程的违规率高低密切相
关。拥有好的标准作业流程设计而且违规率低的企业，往往是最
终赢家。

在三种人为错误中，规则型错误是企业经营最常出现的错误，也是许多企业希望我们帮忙解决的错误。无论是大企业还是小企业，都会制订复杂程度不一的标准作业流程，这是企业经营的诀窍。小企业制订的标准作业流程比较简单，大约五六个；大企业的相对比较复杂，可能高达五六十个。在执行标准作业流程时出错，就是犯了规则型错误。

标准作业流程是质量与执行力的同义词，要防止这类规则型错误有两个关键因素：第一，最开始制订的标准作业流程不能犯错。当涵盖的规则越多，就越要注意规则的正确性。不良的规则设计会造成员工不断犯错。我们的研究发现，好的流程一般可以减少 10% 至 30% 的资源浪费。

第二，正确的标准作业流程需要有人正确地执行。一家公司的服务好，意味着它犯下的规则型错误少，员工都能按照标准作业流程执行，没有犯错。因此可以说，规则型错误决定企业获利的多少与竞争力的高低。如果规则型错误少，公司提供的服务或产品的质量就会好，企业的获利与竞争力自然会增加。规则型错误通常会导致 5% 至 20% 的资源浪费。如果错误发生在单项弱点上，一次错误很可能就会导致公司破产。1988 年英国北海油田阿尔法钻井平台爆炸事故、1989 年"埃克森·瓦尔迪兹"号油轮漏油事故、1986 年苏联切尔诺贝利核泄漏事故都是典型的例子。

迪士尼乐园与美国联合航空的经营差异

　　成功的公司一定很少犯下规则型错误，而且一定有一套设计完美的标准作业流程。我看过最完美的公司就是迪士尼乐园，它犯下的规则型错误很少，而且也有完美的标准作业流程。为什么这么说呢？在游乐园里面，最重要的就是儿童安全，这也是父母最在乎的事情。迪士尼乐园非常清楚这件事的重要性，因此在设计儿童安全的标准作业流程时，不仅在每个角落装有监视器，还安排员工站岗巡查。这样的安排不仅是为了引导游客，还是为了关注每一位儿童的安全。因此，迪士尼乐园从创办第一天起到现在，60多年来从没有丢失过一个小孩，也没有任何一个小孩被绑架。因为很少犯下规则型错误，才能达到这种零错误的境界。

　　迪士尼乐园究竟如何做到零错误的？关键就在于对员工的培训彻底、完整。进入迪士尼乐园，可以看到每一位员工都面带微笑，他们把每一个小孩都当作自己的亲人，所以每一个小孩到了迪士尼乐园就好像回到家一样。迪士尼乐园拥有良好的监督和奖励制度，让员工做到零错误。也难怪迪士尼乐园在儿童娱乐产业一直是最赚钱的公司，主要原因就是几乎完美的标准流程设计。

　　好的企业可以像迪士尼乐园一样60多年都不犯错，而有些企业则是错误一个接一个地发生。近几年频频登上新闻版面的美国联合航空公司就是频繁犯下规则型错误的典型案例。先是2017年因为超卖机位，将一位亚裔美籍医生粗暴地强拖下飞机，引起轩然大波，虽然美联航CEO亲自出面道歉灭火，却也挽不回整个公司的形象，公司信誉遭受重创。

接着又发生了好几次争议，例如乘务员在飞机上大醉，乘务员跟乘客起冲突等，这些很明显都是规则型错误。像这样在规则型错误上犯错率较高的企业，服务质量肯定不尽如人意。

标准作业流程

规则型错误是企业里面最多、也最难改的一种错误，为什么呢？因为一家有规模的企业，旗下员工不是上千、就是上万，要把这么多人全部变成守规则的人，难度实在非常高，只要有一两名员工不按规则做事，整家公司的形象就会被破坏。就像美国联合航空公司的乘务员跟顾客发生冲突，这种事情只要发生一两次，公司名誉就会大幅受损，全世界都会觉得这家公司非常糟糕。

除了在服务行业时常会看到规则型错误之外，在制造行业，很多设备失效也可以归咎于规则型错误。当员工不遵守规则时，不仅会造成设备损坏，更严重的还会造成人员的伤亡，损失的代价相当高。我们的统计显示，因为员工没有遵守标准作业流程，企业受到的损失平均是10%，规则型错误率较高的公司，损失可能高达15%。换句话说，如果能够把规则型错误变成零错误，企业盈余马上可以增加10%至15%。

美国有家快餐公司的老板找我们帮忙，他有70多家连锁分店，却一直无法营利。他向我抱怨："公司这么多员工，常常不是这个违规，就是那个违规，结果我老是赚不到钱。"快餐业竞争激烈，毛利率本来就很低，只有3%到5%，只要违规几次，利润就被侵蚀光了。例如，顾客投诉咖啡的温度不够，马上就得倒掉重新提供新的咖啡，一些原本不应该丢掉的食物被浪费掉，导致成本增加；又或是收银员结账时，只要粗心少算一两件东西的费用，半天的利润就没有了。虽然这都是一些很小的违规，但是小钱会累积成大钱，结果原本就已经很低的利润被东扣西减，最后根本赚不到钱。

老板很着急，问我该怎么办？我告诉他："第一，你的标准作业流程设计肯定有问题，要重新改过。标准作业流程一定要符合人性，如果违反人性，一定会大小错误不断，最后导致失败。"我建议他根据人力重新设计标准作业流程，厨房设备也要换成最符合效率的动线，并大量自动化，花最少的力气和时间，做最正确的事。

有了正确的标准作业流程之后，接下来就是思考如何让员工不违反规定。我向他解释，员工会违规，有可能是因为遵守规定会产生负担，因为原本的标准作业流程设计不良，实在太麻烦了。因此我们帮他设计了一套没有负担与诱导的标准作业流程，员工自然就不会违规了。改用新的标准作业流程后，公司立刻扭亏为盈，那一年也是他自公司创立以来最赚钱的一年。前后我们只花了两天的时间，就纠正了公司所有的错误。通常，一般老板没有受过培训，不知道人为错误的问题症结所在，以及如何解决。对他们来说，人为错误仿佛一堆乱码，无法解读。而我们每天都在处理人为错误，所以一眼就能看出错误的根本原因与因应之道。

同样是快餐业，我们的客户麦当劳则是标准作业流程的模范生。麦当劳的标准作业流程设计得很好，包括员工的穿戴、化妆都有一定的规定。因为它有很完整的奖惩制度，甚至不定期有秘密访客上门检查，所以它的标准作业流程违规率也非常低。麦当劳和迪士尼一样，因为违规率低，所以两家企业的盈利都很亮眼，而且在服务方面有很好的品牌信誉。

麦当劳与迪士尼的成功，最大秘诀就在于标准作业流程都设计得很好。企业只要有良好的标准作业流程，违规率一定会大幅降低，也就成功了一大半。但是一般的企业并不知道怎么设计一套良好的标准作业流程。我们30多年的研究发现，最主要的原因是大部分的标准作业流程违反了人性，充满人为错误陷阱，使得员工很容易因掉入陷阱而违规，设计不良的标准作业流程甚至会诱导员工违规。因此要降低违规，标准作业流程一定要容易遵守，人为错误的陷阱要少。

故意违规与无意违规

一套好的标准作业流程要符合人性，不能违反人性。什么是违反人性？简单来说，就是不能要求员工做超出能力范围的事。只要是人，注意力就有限，不仅是维持注意力的时间有限，同时可以注意的事情的数量也有限。一般人最多只能同时注意3到5件事情，但如果标准作业流程要求员工同时注意10件事情，就会超出员工的能力范围。问题不是员工不遵守规则，而是他做不到，自然错误连连。因此，设计标准作业流程的第一道难关，就是设计要符合人性，这也是迪士尼跟麦当劳最成功的地方。第六章会详细说明注意力的局限，在设计标准作业流程时可以一并参考。

所以，想要设计出一套好的标准作业流程，首先要了解员工为什么会违反规则，这样才可以设计出好的规则，引导员工不违规。事实上，每个人从小到大都有各式各样的规则要遵守，上学要遵守校规、进入社会要遵守法律、工作要遵守公司规定，究竟为什么还会违规？我们花了30多年的时间研究发现，要了解违规这件事，最大的困难就是大家不知道为什么人会违规，不但不知道违规的原因，而且不知道怎样去调查违规的原因，以及如何改进。

举例而言，当一辆汽车闯红灯违反交通规则时，表面上看似违规，实际上可能是两种完全不同的原因造成的：一是故意违规，二是无意违规。故意违规是指经过考量或衡量得失后，决定违规；无意违规是因为规则不健全，导致人违规。举例来说，如果人行道旁的大树枝叶茂盛，刚好遮住了红绿灯，使驾驶人没有注意到交通标志；或是两个红绿灯的距离太近，造成刹车不及，这是无意违规。

要改进无意违规的情况，不能依靠处罚，因为惩罚驾驶人无法改善违规的情况，下一位驾驶人还是会违规。因此，如果要改进无意违规的情况，就必须从制度或硬件下手。例如，如果红绿灯被树遮住，就把树砍掉；如果两个红绿灯距离太近，就设立警告牌，提醒驾驶人前方会有连续的红绿灯；或者拆除其中一个红绿灯。不管是哪种情况，无意违规的改进方法要从制度或硬件着手，而不是惩罚违规者。

相反的，如果是上班族怕迟到被老板骂，认为等红灯耽误时间才闯红灯，这种故意违规一定要受到严厉的惩罚。而且，惩罚带来的后果必须大过因违规获得的好处。惩罚如果太轻，违规者计算后，觉得闯红灯带来的好处大过罚款，因此宁愿被罚款，那么就是失败、无效的惩罚。以上班怕迟到的例子来说，如果罚款的金额大于因迟到被扣掉的薪水，那违规者就不会违规。所以，要改进故意违规，一定要让违规者有损失，或者是把他享有的权利取消。唯有分清楚无意违规和故意违规的不同，才能对症下药，真正降低违规发生率。

防范故意违规

防范故意违规最重要的是抵制违规的诱惑。这需要注意两点：第一是减少诱惑，第二是阻止诱惑。减少诱惑包括减少工作不需要的负担，以及减少环境中吸引人违规的因素。阻止诱惑一般则是以建立奖惩制度、侦测违规和树立让员工遵守规则的文化为主。

在企业里有非常多诱惑，如逃避可能造成负担的工作、迟到早退、挪用公款与公司资源，等等。

我们团队针对诱惑、抵制违规的诱惑（即诱惑阻力）与违规率的相关性做了相当多的研究，进而研发出违规指数。

$$违规指数 = \frac{诱惑}{诱惑阻力}$$

这个指数是 2010 年雷伊·瓦尔多博士（Dr. Ray Waldo）率领的专家团队，对 27 个组织进行的故意违规研究重新检视分析，他把这些组织面对的各种诱惑量化。诱惑的总量就是违规指数的分子，他也把诱惑阻力量化，这些诱惑阻力包括被惩罚的风险和劝阻其他同事不要违规的意愿。被惩罚的风险就是受罚的严重程度 × 被抓的概率。瓦尔多博士发现，违规指数和违规率成正比。这个发现让我们深受震撼，因为这代表故意违规唯一的变量是诱惑，违规的形式、公司的营运状况和员工资历深浅都与故意违规无关。只要能够抵制诱惑，就可以减少故意违规。

当诱惑多的时候，违规指数升高，违规率也随之升高。反之，当诱惑阻力大的时候，违规指数下降，违规率随之下降。利用这项研究，不但可以抑制违规的诱惑，更可以预测是否会出现违规。图 6.1 就是我们利用大数据分析，从 27 种不同类型的违规中找出的违规率与违规指数的关系。

在这项大数据分析中，我们发现，违规率与诱惑的多寡和诱惑阻力息息相关。之后我们会提到 1987 年在新加坡进行的研究，现在先来看一个大家都很好奇的问题。瑞士和新加坡是全世界犯罪率最低的国家之一，有瑞士朋友好奇地问我："为什么瑞士监狱里的人非常少，美国监狱里却人满为患，两国的差别在哪里？"首先是文化差异，以吸毒为例，瑞士将吸毒当成一种疾病，而不是犯罪，因此对于吸毒的人，会协助他到医疗院所接受治疗。美国则相反，吸毒等同犯罪，因此得坐牢、接受惩罚。因为两个国家对吸毒的定义完全不同，自然影响犯罪率。

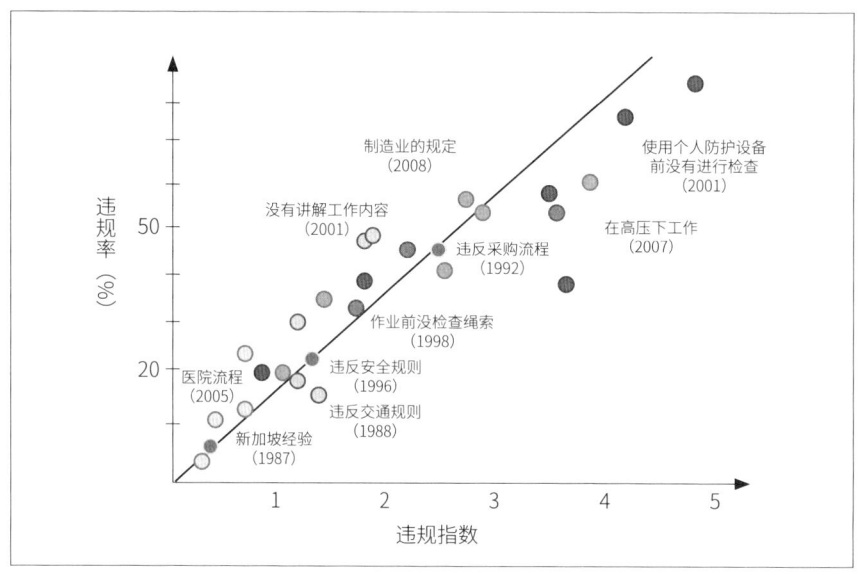

图 6.1 不同类型违规的违规率与违规指数的关系

除了文化因素之外，更重要的差异是瑞士人和新加坡人非常守法。我们研究其背后的原因，发现人们是否遵守法规的第一个关键因素，就是法规有没有给人们造成负担。当遵守法规造成的负担过重时，违规率就高；如果遵守法规造成的负担不大，守法的概率就会比较高。第二个关键因素是违规带来的利益，如果利益诱人，自然违规的概率就高，有道是："杀头的生意有人做，赔钱的生意没人做。"因此，如果惩罚大过利益，失去的比得到的多，大家就不会选择冒这种风险。

以违规超速为例，新加坡是超速 1 次，就处罚 1 次，处罚率是 100%；而在美国，处罚率是 1%。一旦抓到超速行为，新加坡会执行非常严厉的处罚，如果是严重酒驾，还可能会承受鞭刑的处罚；

而在美国，第一次超速有申辩的机会，第二次再犯才会被罚款。两相对照，美国的处罚太轻、执法率太低，所以法律对美国民众来说没有吓阻的效果。反观新加坡，以严刑峻法闻名，新加坡大约有30多条法律只要一违反，就是鞭刑伺候。相比之下，美国的法律宽松多了。

不过，如果只是一味加重处罚，却没有找出违规背后的真正原因，这样的惩罚效果可能也不好。举例来说，美国政府把吸毒当成犯罪，所以为了减少吸毒人口，不断加重刑法，但是吸毒率依旧居高不下。主要原因就在于，没有找出故意犯罪的真正原因。吸毒其实是一种文化现象，美国青少年把吸毒当成一种娱乐或流行，而不是对身心的伤害；欧洲人则把吸毒当成一种疾病，并积极宣传吸毒对人体的伤害，如吸毒后会神志不清、大小便失禁等。但美国的青少年不知道吸毒会有如此严重的副作用，因此美国的吸毒人口持续攀升，监狱里人满为患。因此，除了严刑峻法以外，找到问题的核心再来对症下药更重要。

决策者不仅要防范员工违规，也要防范自己违规。自己违规会造成员工有违规的借口，也可能踩到法律的红线，如控制市场价格、偷税漏税、污染环境、取得不正当收入等，有时候还会因为无法抵制诱惑而突然垮台。在美国就有一些这样的案例，如尼克松（Richard Milhous Nixon）总统因水门事件下台、纳斯达克前主席伯纳德·麦道夫（Bernard L. Madoff）因诈骗案入狱等。

至于抵制违规诱惑的例子，值得一提的是人工智能专家、青年创业导师李开复。他的待人处事，以及面对违规诱惑的克制力，都是大家要学习的地方。他在《世界因你不同》中提道："千万不要放纵自己，给自己找借口，对自己严格一点。时间长了，自律变成一种习惯、一种生活方式，你的人格和智慧也因此变得更加完美。"

在教育方面，防范故意违规也十分重要。因为周围人的怂恿，常常会让小孩变得不做功课、不上进、只求玩乐。孟母三迁就是让小孩减少违规诱惑的好例子。战国时期的哲学家孟轲小时候原本住在墓地附近，结果孟母发现孟轲和其他小孩沉迷于办葬礼的游戏中。孟母觉得不对，于是搬到市场旁，结果发现孟轲与其他小孩沉迷于市场买卖的游戏中。孟母又觉得不妥，第三次搬到学校附近，结果孟轲开始和其他小孩一起念书，变得知书达理，最后成了影响深远的哲学家、思想家、教育家。

解决无意违规

许多老板会问我："无意违规和故意违规的概念听起来很简单，但是违规的员工这么多，要如何分辨他们是无意违规，还是故意违规？"其实很简单，只要当过爸妈的人都知道怎么分辨。小孩常会跟爸妈说："我今天忘了做功课。"这是故意的吗？其实，只要问一个简单的问题，就可以立刻知道答案。"你为什么没做功课，你去做了什么？"如果小孩回答"我今天去同学家玩了"，那一定是故意的。如果他说什么地方都没去，一直待在家里，什么也没做，那就是无意的。

简单说，要分辨是不是故意违规，看的是违规者有没有获得好处。员工违规时，如果会得到某些好处或利益，例如闯红灯是因为怕上班迟到，准时上班可以不被扣钱。当利益越大，故意违规的概率也就越大。相反，如果员工违规以后，一点好处都没得到，或是好处很少，这就不是故意违规，因为没有足够诱因诱导他违规。

惩罚力度应该大于违规带来的利益，但是有些违规，就算加大力度也没用。要改进这种违规，必须了解违规背后的负担，遵守规则的负担越大，违规率就越高；相反的，负担越小，违规率就越低。很多企业不了解遵守规则的负担与违规率的关系，所以常常出现重复违规。

美国一家大型连锁药店就为这件事头痛不已。店员常常没注意到药品已经过期，就直接把过期的药品交给病人，这不但会给病人造成生命危害，还会产生一连串的法律纠纷。药店的老板请我们去解决这个问题。我们调查之后，很快就发现问题出在遵守标准作业流程的负担太重了。因为每一种药品的到期日不一样，店员每次卖药，都得查验该药品是否过期。但是，店员不止这一项工作，因此在忙碌的时候，查验药品的有效期会成为很大的负担，这也是店员常常误拿给病人过期药品的主要原因。

我告诉药店老板，如果将遵守标准作业流程的负担变成零，违规就会消失。他一下子无法理解："这怎么会是负担呢？只是查验一下日期，这是最简单的工作，让我儿子来做都没问题，为什么店员做不来呢？"我向他解释："你儿子一天只检查 1 次，店员一天要检查 1000 次，任何事情做 1000 次很难不变成负担。"

为了让这个说法更有说服力，我们做了问卷调查，针对公司5000位店员发出问卷，问他们每天各种工作的负担情况。结果有4000多位店员提到查验药品有效期的负担过重。为什么会有这种感觉呢？因为公司为了减少违规，不断加重惩罚，只要没注意到过期药品，店员就要被扣钱，甚至停职好几天，这种惩罚带来的压力与负担自然不小。

药店老板问我："邱博士，这要怎么解决？"我告诉他："非常简单，减轻他们的负担。"我给他们制订了一个全新的标准作业流程，重新修正药品的分类系统。原本药品是根据功效来分类，现在则按有效期来分类，把有效期为同一天的药品放在同一个柜子里，这样店员马上就能知道每一柜药品的有效期限，不用特地去查验。此外，针对过期可能造成大幅危害的药品增加提醒装置，针对那些过期服用有可能致死的药品，在外包装上加装一个过期警报器，只要有效期一到，警报器就会发出声响，店员就知道这个药一定要被淘汰。

为了证明这样的调整有成效，我们首先在波士顿5个犯错率最高的药店进行测试，果然，负担减少以后，店员就没再出现药品违规了。原本贩售1万次药品会发生78次错误，负担减轻后，店员犯错次数降低到1万次只有5次。短短一个月，错误率只有原来的6.4%。因为每一位店员的负担减轻了，就很少违规了。确认这个修改后的标准作业流程有效之后，我们才推广到全美的所有药店。这种先试点再全面推行的做法很重要，后面还会详细说明。这里要强调的是，只要找到违规的真正原因，就可以很快纠正。

防范恶意违规

除了考量是否故意违规以外，还要判断有没有不正当动机。任何故意违规都有动机，可能是为了获取金钱、节省时间，也可能是为了增加权力。如果没有消除这些不正当的动机，就减少遵守规则的负担，并加重不遵守规则的惩罚，违规永远不会得到改善。

故意违规可以根据情节的轻重分成三个等级：第一等级是冲动违规，顾名思义，就是临时起意违规，没有任何计划；第二等级是计划违规，这是事先规划的违规，因为知道自己在违规，通常会选择在没有人注意的时候违规，不敢明目张胆；第三等级是情节最严重的违规，就是恶意违规，这种违规通常会由一群人共同谋划，刻意找寻制度漏洞，逃避追查，造成的伤害与损失通常最严重。

2013 年，台湾食用油造假事件就是很严重的恶意违规。当局为了食品安全，规定要检测油品中是否含有重金属、农药等有害物质，因此恶意违规的从业者使用特殊技术，将重金属从劣质油中去除，让所有的检测都过关。他们拥有很强的实验室，但这个实验室不是专注提升食用油的质量，而是专门研究如何逃避法规，让劣质油能够通过检测。

美国核潜艇的焊接工程也曾经发生过恶意违规事件。因为负责焊接的承包商是按件计酬，做得越快就赚得越多，所以承包商故意把焊接的温度调高，焊料熔化的速度就可以加快 20%，进而提高产量。而且只把温度调高一点，完工后从外表上完全看不出来，不会有裂缝，也完全不会影响检测。

不过，调高焊接温度会让焊料的金属结构变软，虽然当下不会立即出现危险，但使用一段时间后，金属结构却可能会提早断裂。美国海军为了保障焊接质量，设有检测标准，但要经过晶体分析检测，才能检测出金属结构是否改变，而原来的检测标准中并没有要求进行晶体分析检测。就是这个漏洞让长期合作的承包商起了歹念，恶意违规。

碰到恶意违规的情况要如何避免呢？因为恶意违规很难从外部发觉，因此只能依靠内部举报。美国核潜艇的焊接工程违规后来被发现，是因为有内部人爆料，因此，要改进恶意违规，必须建立一套很周全的内部人士举报制度。

美国政府特别擅长设计内部人士举报制度，特别是在偷税漏税上。因为外部很难查到偷税漏税的证据，所以美国政府以超高额奖金悬赏，凡是能够提供证据，一旦查证属实，就可以得到追回税收的三分之一，这样的诱惑把美国偷税漏税行为被抓到的概率拉高。因为报税涉及财务、会计、法律顾问等，想要避开这些人的监督并不容易。另外，美国政府还会不定期公布哪些大公司偷税漏税、共发出多少举报奖金等，很多举报人因此成了亿万富翁。想想一位会计师一年的薪水可能只有 20 多万美元，但举报一次却可获得上亿美元奖金，很少有人能够抗拒。此外，美国政府还有一套非常严格的保护举报人的制度，不但不会公布举报人是谁，还会用各种方法保护举报人，必要时甚至可以帮助举报人改名换姓，做到完全保密。

对于像药品造假、掺杂会致癌的有害物质等可能造成人命伤亡的恶意违规，美国政府还会把奖金加码，鼓励内部举报，把靠这些劣质药品赚取的暴利百分之百给到举报人，金额甚至比举报偷税漏税行为获得的奖金更高。相比之下，中国台湾的内部举报系统与奖金制度还远远不足，举报人保护制度更是形同虚设，当举报人的身份很容易遭到泄露、奖金又不高的情况下，想要真正防止恶意违规必然难上加难。

惩罚轻重与执法率

至于另外两种情节较轻的故意违规，不应该重罚，但也不能完全不罚。以冲动违规为例，公司规定在建筑工地上爬楼梯时必须配戴安全绳，但有的工人觉得只爬几层楼，干脆就图省事不戴了。他不是恶意违规，也没有伤害任何人。他的冲动违规纯粹是因为懒得配戴安全绳。如果因为犯下这类违规而把他开除，这样的惩罚就太过严苛了。比较恰当的处罚是要他在大家面前坦诚自己的错误，检讨自己为什么违规，当他检讨完之后，通常就不会再犯了。

另外，计划违规虽然也是违规，但是情节不如恶意违规严重，通常对公司造成的损失或伤害不大。例如，计划早一点翘班回家，对公司的损失不算严重，因此初次违规时可以给予警告；如果继续违规，可以取消他的若干权利。这属于中等程度的惩罚。

惩罚除了必须有轻重之分外，还必须搭配执法率，否则，即使惩罚再重，被抓到的概率几乎为零，那么重罚就形同虚设。美国司法部曾经要我研究，为什么新加坡的交通违规率只有3.5%，而美国的交通违规率高达 70%，比新加坡高出 19 倍？

因此，我们在 1987 年设计了一项实验。在新加坡的市中心原本有一个限速 60 公里的交通标志，我们故意在两条街之后，再增设一个限速 45 公里的新标志，用来测试有多少人会遵守法规，乖乖减速。在纽约，我们也做了同样的实验。从两地的实验结果发现，在新加坡，看到新的标志牌不减速的人只有 3.5%，也就是说，每 30 个新加坡人中只有 1 个人不减速、不守法规，美国则是 99% 的人都呼啸而过，只有 1% 的人会乖乖减速。

为什么两国的违规率差异这么大？根据我们的调查研究，原因出在惩罚的轻重与执法率的高低上。在新加坡，如果超速行驶撞到人要被处以鞭刑，而在美国只是罚款了事，甚至连被罚款的概率都很低。再者，因为美国交通违规的执法率太低，因此就算加重惩罚，民众还是心存侥幸，认定不会被抓到。反观新加坡，每一个角落都有测速器，违规被抓到的概率是百分之百，因此民众不敢轻易试法。也因为美国交通违规被抓到的概率几乎为零，一次没被抓到，两次没被抓到，久而久之大家就养成了习惯，不遵守法规。所以，我们给纽约市政府的建议是大量增设测速照相机。如此一来，违规被抓到的概率大幅提高，大家就不敢违规了。

此外，惩罚制度也要做出修正。在新加坡，只要被拍到违规超速，就直接罚款。而在美国，即使被拍到超速，还有上法院申诉的机会，然而法院根本没有这么多的人力，常常申诉到最后就不了了之。因此新的制度规定，只要被拍到超速就直接罚款。目前，在纽约、芝加哥、丹佛、亚特兰大等 4 个城市都已经引进这套制度。

用奖励代替惩罚

有时候，用奖励代替惩罚的效果更好。前面提到美国核潜艇焊接工程中出现的恶意违规，当时的海军上校很紧张，打电话问我："我们要建造 4 艘新的航空母舰，不晓得有多少人会承接这项工程，怎么办？"我跟他说："不需要惩罚其他承包商，只需要用正面奖励的方式，渐渐形成一个文化，让那些不遵守规则的人愿意自己改正，这样施工品质马上就会提升。"

后来，我们安装了 400 个监控摄像头，其中只有 20 个摄像头真的在工作，其余都是假的。但是员工并不知道哪个摄像头是真的，因此大家都不敢再违规。

不过，20 个正在工作的摄像头确实可以拍到违规的情况，知道哪些员工有违规，哪些员工没有违规。但不需要用这些信息来惩罚违规的员工，而是改用奖励的方式，每个礼拜奖励认真遵守焊接标准作业流程的员工，这样他们就会知道确实有在监控。结果，用奖励代替惩罚之后，不止焊接，安装、测试工程的质量也都大幅提升。这种正面奖励的方式，可以提醒那些想要违规的投机者，既然摄像头可以拍到遵守规则的人，自然也可以拍到正在违规的人，对于违规者心里会产生警示作用。

用奖励代替惩罚这套方法，我也用在自己的小孩身上。我在他们的房间外面都装上摄像头，有人会乖乖按时做功课，有人则会跑去玩，但我只会打电话夸奖认真做功课的小孩，说："你今天很棒，回家后就开始做功课。"我从来不责骂不做功课的小孩，每次打电话都只讲好话、不讲坏话，都是用充满鼓励的话，夸奖他们哪里做得好，结果原本没做功课的小孩，渐渐也就不敢不做功课了。

规则型错误是企业最常犯、也最难改的错误。我们的大数据统计发现，无意违规的概率是 1%，故意违规的概率则高达 5%。因此，相较于无意违规，更需要注意故意违规的问题。只要找到违规的根本原因，就非常容易改进。一家公司赚不赚钱，和标准作业流程的违规率高低密切相关。拥有好的标准作业流程设计，而且违规率低的企业，往往是最终赢家。前面提到的迪士尼、麦当劳都有一套很好的制度，避免员工有故意违规的念头，也没有无意违规的机会。只要做到这一点，就可以真正成为零错误企业。

本章练习

* 列出自己犯过的最严重的 3 个规则型错误。它们分别是哪种
  类型的错误，是故意违规，还是无意违规？未来你要如何预
  防这些错误？

第七章

技术型错误

注意力像水桶里的水，如果一直放水，最后就会流光。如果没有利用放空来拉回注意力，当你的注意力被耗尽时，就有可能发生意外。

在全球航空的离奇事故史上，一定会给 2009 年法航 447 班机空难记上一笔。那年的 6 月 1 日，一架由巴西里约热内卢飞往法国巴黎的班机，突然在雷达上消失了。在确定班机失踪后，法航发言人公开表示：机上的乘客与机组人员没有生还的可能。巴西、法国、西班牙与美国立即派人搜索，但一周后只在巴西东北海岸找到部分飞机残骸，飞机主体则直到两年后才被找到。从打捞起来的飞机外观判断，飞机失速下坠时，所有乘客都在飞机上。我的团队负责调查这次事故的原因，从打捞上岸的相关证据显示，正副驾驶当时为了排除仪器的异常，没有注意到飞机已经失速，当意识到失速警示器大响时，已经来不及了，整架飞机就这样栽进了海里。结果，机上 228 人全部罹难，成为法国航空公司成立以来伤亡最惨重的事故。

这架班机的机长飞行时数超过 1 万小时，技术纯熟，为什么会没注意到失速警告？我们的调查认为，他犯下的是技术型错误。

粗心大意

技术型错误简单来说就是粗心大意。有些事情我们做了上千次，驾轻就熟，但偶尔会在不自觉的情况下犯错。举例来说，每天早上出门前，你的例行公事可能是起床后先喝杯咖啡，接着拿起公文包与车钥匙出门。这个习惯早就印在你的脑子里，所以几乎可以通过本能来执行。但是，偶尔还是会出现忘了带钥匙的情况，这就是粗心大意。

　　开车也一样。交通法规规定转弯前要打方向灯，所以你也养成了这个习惯，但有时候还是会忘记，等到转弯以后才发现没有打方向灯。幸运的话没事，不幸的话就发生事故了。对每一位汽车肇事者来说，没有人想要故意撞车，但就算是熟悉驾驶技术的人，或多或少都有发生车祸的经历，有时还可能造成人员伤亡，这些全是粗心大意造成的结果。

　　在我们的人生中，从早到晚都有可能粗心大意，但问题在于，我们常常误以为粗心大意就是生活中的一部分，无法解决。就像法航447班机失事的情况，粗心大意造成的伤亡，跟知识型错误和规则型错误造成的伤亡一样大。在我们搜集的8万多个案例中，技术型错误的案例高达1万多个。这种错误理应可以避免，为什么错误率还是这么高呢？对此，我们在1988年研发第一代零错误方法的时候，就把粗心大意当作第一重要的错误来研究。

　　不过，我们的团队一开始无法找出一套理论来完整解说所有的案例，这样的瓶颈直到2008年才有真正的突破，这时我们已经研究这个主题20年了。还记得我的团队向我简报这套"情境式脑容量不足模型"的情景。当时，负责简报的麻省理工学院教授安德鲁·卡代克（Andrew Kadak）带来7颗弹珠，要来解说技术型错误发生的原因。卡代克提到，我们的注意力有限，一般来说，小孩的注意力很差，一次只能注意1~2件事。随着年龄渐长，人的注意力会慢慢增加，到33岁左右，注意力最好，平均可以同时注意到7件事情。然后每增加10岁，可以同时注意到的事情会少1件。他把我们可以同时注意到的事情数量称为注意力弹珠。（见图7.1）

　　另外，每项工作需要的注意力并不同，如果是一件非常复杂的工作，可能需要注意很多事情。卡代克把一项工作需要的弹珠数量称为"任务弹珠"。举例来说，一位空中交通管制员的工作需要注意飞行的飞机、降落的飞机在跑道上的滑行情况、地面上的车子是否妨碍飞机滑行、控制台的指示，以及所有进来的信息。他们必须同时注意 5 件事情，只要有 1 件事情没有注意，就有可能犯错，因此，空中交通管制员的工作需要 5 颗弹珠。

　　根据卡代克的情境式脑容量不足模型，每个人拥有的注意力弹珠数量，如果少于一项工作需要的弹珠数量，就会出现脑容量不足的情况，导致出错；相反的，如果注意力弹珠比任务弹珠还多，就

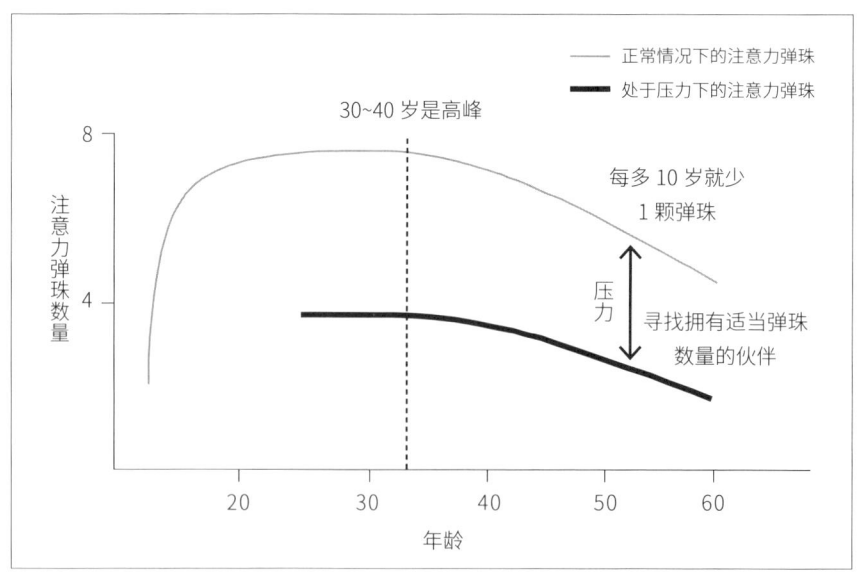

图 7.1　注意力程度与年龄的关系

不会出错。（见图 7.2）

　　因此，是否粗心大意，取决于任务弹珠是否比注意力弹珠多。也就是说，要知道执行每项工作需要多少颗弹珠，然后判断自己目前有没有足够的弹珠，只要注意力弹珠比任务弹珠还多，就不会犯粗心大意的错误了。

人的特质会影响注意力

　　正常情况下，注意力弹珠的数量跟每个人的特质有关。这主要分 3 个部分，包括年龄、性别与受教育程度。年龄的影响前面大致提过，我们的研究发现，一个人在 33 岁左右会拥有最多的注意力弹珠。可以看到很多名人多在这个时候达到事业巅峰，如鲍比·费舍尔（Bobby Fischer）称霸国际象棋界时是 29 到 32 岁，拿破仑称帝时是

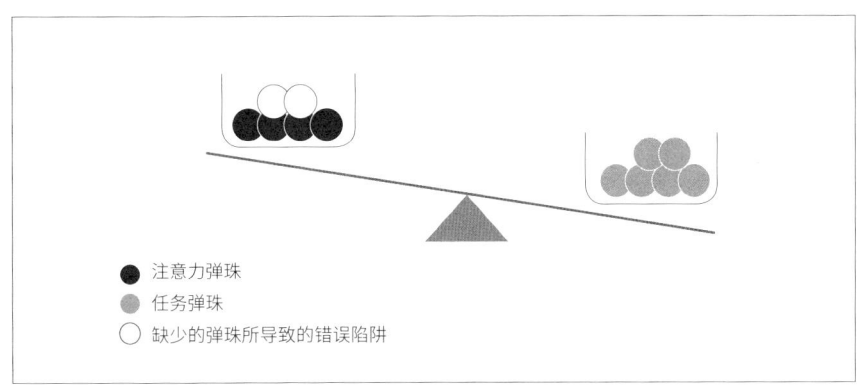

● 注意力弹珠
● 任务弹珠
○ 缺少的弹珠所导致的错误陷阱

图 7.2　情境式脑容量不足模型

35 岁。这些人不仅拥有比常人还多的注意力弹珠，而且是在注意力弹珠最多的时候趁势而起，因此当情况有所改变时，他们都看得到，能够及时应付。

性别也会造成差异。一般人在处理工作时拥有 5 颗注意力弹珠，又因为女性比较擅长细节性的工作，所以处理细节性工作时有 6 颗注意力弹珠，比男性多 1 颗。以我的例子来说，我在家里可能会忘记钥匙放在哪里，但是我太太一定知道，因为她很注重细节，看到的东西就会记得。至于男性，则擅长目标类的工作，所以在处理这类工作时会多 1 颗注意力弹珠。出现此类差别的情况可以追溯到原始社会，男性的工作以打猎为主，要瞄准猎物；而女性的工作一般以采集为主，如采蔬菜、摘水果等，需要注重细节，要知道采集的食物有没有毒、在哪些地方可以找到食物。因为传统分工的不同，导致男性与女性擅长的事情不同，在不同事项上拥有的注意力弹珠也不同。

受教育程度也会影响注意力弹珠的数量。我们发现，受教育程度越高，拥有的注意力弹珠数量越多。因为人们受过长期培训后，会习惯考虑很多事情，所以久而久之就会增加注意力。如果没有长期在教室里思考过，那么注意力弹珠的数量就不会增加。

有些人天生就有很多注意力弹珠，比如前面提过的亚历山大大帝，我们分析他有 10 颗注意力弹珠，所以能够看到很多打仗的细节，因此能在一生中打赢数百场战役。很多棋王也有这种天赋，他们要观察整个盘面，能够推算到后面几步棋怎么走、对手会怎么出招，这些都与注意力弹珠的数量和质量有很大的关系。

　　另外，我们的研究也发现，如果是有注意力缺失或注意力缺失过动症的人，他们拥有的注意力弹珠数量比一般人要多几颗，但是注意力弹珠很快就会消失。所以，他们面对感兴趣的东西可以做得比别人好，但是对于很多事情兴趣寥寥。例如比尔·盖茨、乔布斯和爱迪生都有注意力缺失过动症，注意力弹珠都比一般人多，他们因为做着自己喜欢的事，所以取得了骄人的成就。

工作难易度决定任务弹珠的数量

　　不同的工作，需要的注意力弹珠数量不同。开车相对简单，只要注意前面的交通状况与自己的驾驶操作，总共要注意两件事情，也就是只需要 2 颗弹珠。走路只需要 1 颗弹珠，做熟悉的工作需要 2 颗弹珠，操作堆高机需要 3 颗弹珠，计算与分析需要 4 颗弹珠，解决复杂的问题需要 5 颗弹珠。（见图 7.3）

分心

　　另一个影响注意力弹珠数量的因素是自身当下的状况。有几个状况会让注意力弹珠消失，如分心、疲惫、过度自信与时间压力。

　　分心指的是做一件事的时候，心里想着其他的事。也许你原来有 5 颗注意力弹珠，正在做一项需要 4 颗弹珠的工作，但是心里想

状态	需要的弹珠数量	
解决复杂的问题	◯◯◯◯◯	5
影响终身的决定	◯◯◯◯◯	5
核能操作（事件反应）	◯◯◯◯◯	5
工程设计	◯◯◯◯◯	5
复杂的维护工作	◯◯◯◯	4
学习复杂的主题	◯◯◯◯	4
计算与分析	◯◯◯◯	4
吊车操作	◯◯◯◯	4
基于规则的维护	◯◯◯	3
需要系上安全带的工作	◯◯◯	3
基于规则的操作	◯◯◯	3
堆高机操作	◯◯◯	3
开车	◯◯	2
做熟悉的工作	◯◯	2
下楼梯	◯◯	2
穿上个人防护装备	◯◯	2
走路	◯	1

图 7.3　正常工作会用掉多少弹珠

的事情可能分走了 2 颗弹珠，剩下的弹珠不够用来处理手边的工作，结果就出错了。

　　我调查过一件分心导致死亡的案例。美国一家电力公司在更换地底的高压电缆时，发生意外事故，导致两人死亡。对电力公司来说，更换地底的高压电缆是个例行事项。因为地底会积水，高压电缆长久浸在水中会老化，所以每隔 40 年就需要更换。这份工作其实很简单，早已有标准作业流程。首先，一位操作员要在控制室把高压电缆断电，接着再派两位操作员进入管线间，其中一位操作员拿电压器去测试高压电缆已经不再通电，确认安全后，才与另一位操作员一起更换电缆。既然这份工作的作业流程清楚明确，为什么会造成两人死亡呢？

原因出在有位操作员分心了。这家电力公司在地底有两条平行的高压电缆，而在控制室里，这两条电缆的通电开关彼此相邻。按照标准作业流程，操作员先要指着需关掉的电缆名称，并念出声来，例如指着开关，念出 A123，确认关掉的是正确的电缆，接着才手动断电。但是那天他分心没有念出来，所以误把另一条高压电缆断了电，没有把该更换的电缆断电。

与此同时，负责测试电缆是否已经断电的操作员也分心了。他原本应该先拿电压器去测试，但不幸的是，他跳过了这个动作，打算直接换掉电缆。结果，他的手一碰到电缆，高压电马上通过身体，因为电流超过心跳的电流，心脏马上停止跳动。另一位操作员在旁边，看到他嘴巴张得大大的，站着一动也不动，没有意识到他已经被电死，于是推了他一下，结果也被电死了。

后来，为了调查这起意外事件，我们先向控制室的主管了解负责断电的操作员的工作情况。这位主管说，那位操作员前一天晚上几乎没有睡觉。为什么呢？因为公司最近打算要自动化，才在前一天宣布要裁员。那位操作员非常紧张，因为他的太太得了癌症，如果他失业，将会丧失这份工作提供的医疗补助，这样就无法负担太太的高额医药费。因为他非常需要这份工作，所以前一天晚上一直在挂念这件事情，结果没睡好觉，早上上班时昏昏沉沉的。他的主管发觉他有点不对劲，问他要不要回家休息，他还说不用，结果因为没有按照标准作业流程操作，弄错了电缆，造成了人员死亡。

接着，我们又了解两个被电死的操作员生前的家庭情况。忘了用电压器测试电缆的操作员是单身，和妈妈住在一起，由于他家是单亲家庭，他的妈妈独自抚养他长大，现在他要支撑一家的生计，加上手中没有存款，一旦被裁员，也无法生活，所以前一天晚上他跟家人谈了很久，商量要怎么应对公司的裁员。此外，出事那天天气很热，他的身体有些不舒服，导致平常会做的事情忘记做了，结果发生了这场不幸。

遇到裁员这种重大的事情，可能会对员工的心理状态造成很大的冲击，导致分心，这时，注意力弹珠会流失很多。举例来说，在跟家人吵架之后开车出门，可能就有分心的危险。因为如果你平常有 5 颗注意力弹珠，开车需要 2 颗，但跟家人吵架已经耗费了 4 颗，所以现在只剩下 1 颗弹珠。你无法一边看着前方，一边注意自己的操作。你可能不知不觉就开到了目的地，但中间经过什么地方都不记得了。或者也有可能出意外，造成自己或他人的伤亡。问题就出在注意力弹珠不够上。

生物钟与疲惫

疲惫也会让注意力弹珠减少。从人类的生物钟来看，凌晨 3 点与下午 3 点会少 1 颗注意力弹珠，早上 7 点与晚上 7 点则是注意力最好的时候，会多 1 颗注意力弹珠。为什么在下午 3 点钟会觉得疲怠呢？据说人类的祖先来自非洲，在非洲，下午 3 点是天气最热的时候，那个时候大家都在睡觉。经过数十万年的进化之后，虽然我们下午 3 点都在工作，但大脑还是进入半睡眠状态，自己减少了 1 颗注意力弹珠都不知道。我们的统计也显示，最常发生事故的时间是在 3 点钟左右。所以如果你要做的工作需要 5 颗弹珠，那么不要在 3 点钟做。

另外，工作太久也会让弹珠减少，这时不是生物钟导致的疲惫，而是体力已经消耗很多。刚睡醒起来的时候也一样，因为大脑还没有完全启动，如果要处理紧急的事件，拥有的注意力弹珠是不够的。

本章一开始提到的法航空难就是这种情况导致的。根据我们的调查，这场空难的起因在飞机的皮托管。皮托管是一个测速装置，因为所有飞机的操控都要注意飞行速度，所以皮托管的作用非常重要。它的工作原理是当气流经过皮托管时，就可以测算速度。一架飞机通常会有两个皮托管，一个接在自动驾驶系统里面，另一个备用。自动驾驶系统会根据皮托管测得的速度调整飞行速度。如果皮托管被冰晶堵住，外面的空气进不来，就无法测速，这时应取消自动驾驶，改为手动驾驶。为了解决这个问题，新型的皮托管都会增加加热设备，防止皮托管被冻住。不过这架法航班机配备的皮托管并没有加热设备，而之前其他飞机的皮托管发生类似问题时，曾被警告过应该更换新型的皮托管。

法航班机出事时，飞机已经升空七八个小时，正驾驶正在机舱后面睡觉，由两位副驾驶操作。这时飞机进入一阵乱流，乱流里的云层有冰，把皮托管堵住了，因为空气无法进入皮托管，飞机改为手动驾驶。这在飞行过程中原本是很常见的事，不过这片云层一下有冰一下没有冰，使得皮托管时而有效时而无效，副驾驶看着警示灯一下亮一下又不亮，瞬间慌了手脚。他们完全没有遇到过这种情况，于是马上找操作手册要排除故障，但操作手册也没提到这种情况，他们便赶快把正驾驶叫醒。

正驾驶这时睡得头昏脑涨，又很疲惫，剩下的注意力弹珠非常少。他马上到机舱查看控制系统，一看到警示灯一下亮一下不亮，也跟着紧张起来，说他从来没有遇到过这种情况，于是三个人又赶快翻书找解决方法。但是，解决问题跟做决策一样，都需要 5 颗弹珠，要回想以前的经验，考虑飞机的性能，查看仪器的图表，结合目前的状况，还要用各种计算机来计算。然而，正驾驶刚起床，注意力弹珠不够，还有时间压力要马上做决策，结果很多东西没注意到，其中一个最重要的事情就是飞机正在失速。

一架飞机的攻角（即机翼弦线与飞行气流之间的夹角）一般会控制在 5 到 7 度，如果超过 20 度，飞机就会失速。在飞机快要失速的时候，驾驶杆会震动来提醒驾驶人员，但是当时的正、副驾驶一直在查找无法测速的原因，没有注意到飞机的攻角已经慢慢增加，连驾驶杆震动都没注意到，最后发觉飞机失速时，已经无法挽救。结果，整架飞机栽进了海里。

这架班机的正驾驶其实拥有丰富的经验，但因为刚被叫醒，可能只剩 3 颗注意力弹珠，无法做需要 5 颗弹珠的决策，在身心疲惫之下，没有注意到重要的信息，结果造成难以挽回的事故。

过度自信与时间压力

过度自信也会丢失注意力弹珠。为什么呢？因为人过度自信的时候，会觉得这些事情已经做过很多次了，自己是个专家，早已熟能生巧，不必注意周遭的情况，结果通常是情况已经改变也没发觉。所以，原本拥有 5 颗注意力弹珠，可以做需要 5 颗弹珠的工作，但因为自信满满，只打算用 2 颗弹珠来完成工作，结果就出错了。

最后一个是时间压力。时间压力来的时候，大家第一个想法就是把事情简化。因为自己做不了那么多事情，所以只能简化处理，结果把所有的问题都简化，大脑也跟着简化了。举例来说，人类在打猎的时候，原本好好地追着鹿，结果突然下雨了，你顾不得雨，整颗心都在那只鹿上，因为你知道如果不注意，那只鹿可能会跑掉，因此忽略了很多跟下雨有关的事情。这时不论出现任何状况，都有可能产生事故。通常在时间压力下，注意力弹珠会减少 2 颗，如果你原本有 5 颗弹珠，遇到时间压力时，就不能做需要超过 3 颗弹珠的工作，不然就会出错。

这里举一个过度自信与时间压力的例子，是 2007 年发生在美国堪萨斯城一个传统电厂的死亡案例。这个电厂的控制系统出了问题，需要逐步检查，排除情况。有 6 个员工进入电厂进行排查，结果他们旁边一个跟控制系统无关的钢管爆炸了。在爆炸前，这个钢管里有 260 摄氏度的蒸汽，压力约 6894 千帕，爆炸之后，蒸汽喷出，以 2 万磅的压力往人身上打。因为发生的速度非常快，所以员工完全没有时间反应，最后导致多名员工死亡。

问题出在哪里呢？爆炸的地方是一个连接蒸汽机的控制阀，在蒸汽机运转时，这个控制阀会开着，停机时则会关起来。因为旧的控制阀在停机时会漏蒸汽，导致控制阀受到腐蚀，所以电厂主管要求换掉这个控制阀。负责更换控制阀的人第一次做这个工作，卖控制阀的公司刚好没有原来控制阀的型号，于是问可不可以用另一款控制阀代替。原先的控制阀跟新的控制阀不一样，原先的控制阀开口是从小到大，蒸汽会沿着钢管流出来，但是新的控制阀是直筒，蒸汽会像火箭一样喷出，除非钢管是不锈钢材质的，不然很容易被腐蚀。但是，这座电厂目前用的钢管是碳钢，不能使用直筒的控制阀，所以更换控制阀后不久，钢管就爆炸了。

这个更换控制阀的人犯了什么错误呢？一个是过度自信，不知道自己其实没有能力判断新的控制阀适不适用，就自以为是地做出判断，没有询问其他了解情况的同事，也没有自己去查证。此外，更换控制阀的时间是在电厂大修的时候，电厂少运作一天就少一天的收入，所以他有时间压力必须尽快完成工作，结果使得自己跟他人身亡。

其实，在更换控制阀时，如果能有人审查他的决策，就可以避免这个错误。后面我们还会谈到零错误文化中审查的重要性。

注意力用得太久

还有一种情况会使注意力弹珠消失，那就是注意力用得太久。

这里举一个例子，是 2011 年发生在香港的一起意外。一位工作了 15 年的资深电力公司抄表员在一栋大楼抄表时，从 32 楼维修电梯的通道摔了下去。香港电力公司委托我们调查这起事故，想了解为什么熟悉工作流程的资深抄表员会意外身亡。

我们调查发现，原本抄表员一天只需要工作 6 个小时，但那天有位同事请假，他接手了同事的工作。发生事故的时候，他已经连续工作超过 10 个小时，身体很疲惫，更糟的是，发生事故的时间是下午 2 点 56 分，是人拥有注意力弹珠最少的时候。

同时，这栋大楼的设计也有问题，抄表员沿着楼梯往下逐层抄电表，电表门都在楼梯右边，左边则没有门。但是到了 32 楼，电表门一样在右边，左边却多出了一道门。这是为了紧急维修电梯设置的门，如果电梯临时出状况，维修人员可以从这里吊挂下去维修。然而，两道门的设计几乎一样，而且都可以用抄表员手上的通用钥匙打开。这位抄表员没有注意到开错门，结果一脚踏空，发生了意外。

我们的统计显示，空中交通管制员的工作需要用到 5 颗弹珠，专注力只有 30 分钟，因此 30 分钟之后就需要休息，让注意力恢复。如果工作超过 30 分钟，就有可能犯错。如果是做需要 2 颗弹珠的工作，则可以做 2 个小时。例如军队的狙击手只需要注意两件事，一个是如果狙击目标采取行动，就开枪射击；另一个是注意自己不被别人狙击，所以不能发出任何声响，保持伪装。这样的注意力可以维持 2 个小时。如果是需要 3 颗弹珠的工作，则可以维持 50 分钟。例如学生上课时，需要听老师讲课，接着思考过去已经掌握的知识，以便与新的知识比较，另外还要做记录。以前我在教书的时候，经常看到上课 50 分钟之后，学生的眼睛就开始迷离了。如果讲得时间更久，他们已经不知道我在讲什么了，不是无法了解，而是无法拿过去的知识做比较，学习能力明显下降。因此，上课上到 50 分钟的时候我一定会下课休息一下。

另外，如果遇到家庭悲剧，注意力弹珠会消失高达 4 颗，离婚也会消失 3.8 颗，时间压力会消失 3.2 颗，长时间工作会消失 2.5 颗（见图 7.4）。因此，想要维持注意力弹珠永远比任务弹珠多，除了考量每项工作的内容以外，也要考量其他造成注意力弹珠消失的情况，不然很容易犯错。

状态	丧失的弹珠数量	
心事重重（家庭悲剧）	⚪⚪⚪⚪⚪	4
心事重重（离婚）	⚪⚪⚪⚪	3.8
时间压力（感觉做不完）	⚪⚪⚪⚪	3.2
半睡半醒（长时间工作）	⚪⚪⚪	2.5
时间压力（感觉要赶工）	⚪⚪	2
炎热的工作环境	⚪⚪	1.8
缺乏经验	⚪⚪	1.5
过度自信	⚪⚪	1.4
半睡半醒（吃完午餐后）	⚪⚪	1.3
毫无保留的信任感	⚪	1
生理时钟混乱	⚪	1
二选一的决策陷阱	⚪	1
不知道自己的无知	⚪	1
自满	⚪	1
老化	⚪	1

图 7.4 不同状态会丧失多少颗注意力弹珠

找回注意力的方法

当注意力用得太久，太过于专注，导致注意力弹珠全都消失时，就要想办法找回来。这里要介绍一套快速找回注意力弹珠的方法，叫作 SLLS，这是我们专门为狙击手设计的方法。狙击是个生死攸关的工作，必须隐蔽好不被敌人发现，而且需要长时间集中注意力，在这样的情况下，利用 SLLS 方法可以最快找回注意力。

这套方法有 4 个步骤：

1. 停止（Stop）：放下狙击的工作，让心情平静。

2. 环顾四周（Look around）：将原本的注意力转移到周围的环境，看看别的东西。

3. 倾听（Listen）：放松大脑，听听周遭的声音，听听鸟叫声、灰尘落下的声音，达到真正的放空。

4. 嗅闻（Smell）：闻闻当下的气味。

一般我们会要求狙击手重复这 4 个步骤一分钟，让大脑真正放空，注意力就会慢慢回来。做完这个练习之后，就可以再做 2 个小时的狙击工作。不过这并不表示可以一直重复找回注意力。狙击的工作每天最多只能做 8 个小时，超过 8 个小时就要休息。

当然，普通人毕竟没有处在这种无法大幅移动的环境中，这时，要让大脑放空就有很多选择。我们的所有研究都显示，找回注意力最好的方法就是走路。因为走路可以增进血液循环，只要起来走走，移到另一个环境，眼睛看到的与鼻子闻到的东西就完全不同了，这时心情就会放松下来，跟 SLLS 方法有异曲同工之妙。

另一个我觉得很好的放空方法是听音乐。我们做了很多测试，发现听音乐可以很快让心情放松下来。以我来说，我常常在外面工作，一做就是 70 个小时，连睡觉的时间都没有。这时我会在工作的间隙打个盹，接着听个古典音乐放松一下，将注意力拉回来之后再继续工作。

利用制度来避免犯错

当麻省理工学院与我们零错误公司搞懂注意力弹珠的事情之后，我们发现一切都海阔天空了，因为我们有 1 万多笔资料，都是这种注意力弹珠缺失导致脑容量不足造成的大事故，过去一直没有办法解释。我们知道这些犯错的员工非常想把事情做好，不是故意要违规，只是不小心失误，也许只是按错一个按钮，或是分心没做某些事情，结果就造成了大事故。

自此之后，我们根据这套模型，以及大数据与人工智能，打造零错误的工作环境。我们可以判断每项工作需要多少颗弹珠，然后根据每位员工的年龄、性别、受教育水平，以及身处的情况，确认员工有多少颗注意力弹珠。如果员工的注意力弹珠不够，就意味着要把工作拆成两三份，让一个人分次完成，或是交给两三个人同时来完成。

此外，我们还可以培训员工保持充足的注意力。有些零错误公司已经利用一些制度来避免技术型错误，帮助员工找回注意力。举例来说，下午 3 点钟通常是人类注意力最不足的时候，所以日本丰田汽车公司会在下午 3 点钟停工，让员工做体操；我们的一些美国电厂客户也会在 3 点钟放音乐，让员工做体操，帮助他们找回注意力。

另一个做法是，避免在下午 3 点钟做危险性高的工作。例如我们在给香港电力公司的建议中，有一点就是要求抄表员在早上 10 点钟和下午 2 点钟到 3 点钟的时候休息一下，目的就是避免抄表员在注意力弹珠较少的情况下工作。

我们常说，注意力像水桶里的水一样，如果一直放水，最后就会流光。如果没有利用放空来拉回注意力，当你没有注意力的时候，就有可能发生意外。所以对个人来说，注意自己还剩下多少注意力是很重要的事。当注意力弹珠不够的时候，就要停下来，与其继续做事情出错，不如休息一下，恢复注意力后再行动。

本章练习

* 列出自己犯过最严重的 3 个技术型错误。

* 这些错误是什么原因造成的？是分心、时间压力、疲惫，还
  是其他原因？

* 未来你要如何预防这些错误？

第八章

设备失效

为了防止损坏率 1% 的零件失效，我们会把正常运作的零件拆下来更换。但如果能侦测到零件即将失效，就可以省下 99% 的维护费用。

2011 年 3 月 11 日的日本大地震让人记忆深刻，这场第一次集地震、海啸、核灾一起的复合灾害，造成上万人死亡。其中影响最深远的莫过于福岛核电站爆炸，造成炉心熔毁，辐射外泄，也引发全球对核能安全的忧虑。事件发生之后，美国政府多次向日本政府建议，希望让我带团队去帮忙处理危机，但是日本政府没有同意。直到危机处告一段落，日本政府才给我看相关的调查文件。看了这些文件，我很快就知道福岛核电站出了什么问题。其实问题很简单，都是设备失效中常见的问题。

设备失效思维

在详细说明福岛核电站出错的问题前，先要对设备失效有个基本的观念，那就是：每一个设备失效都是人为原因造成的。

设备要能正常运作，中间有很多环节需要注意。从设备的设计开始就有可能犯错，这些错误来源跟前面提到的知识型错误、规则型错误与技术型错误完全一样。以设备的设计来说，有些设计要靠设计者拥有的知识来完成，有些设计则早有标准化的规则，还有些设计工作重复性高，例如制图工作。

但是在检测设备失效的各种可能性时，设备的设计只是源头，中间还有采购、制造、安装、运行操作等环节可能出错。如在操作设备的时候，常常会因为人为错误把设备弄坏。就算没有弄坏，维护的时候也有可能犯错，有可能因为过度维护，而把好东西修到坏掉；或是该维护的时候没有维护，这些都会造成设备失效。

当设备开始失效时，一开始会出现各种故障现象。如果排除故障的速度太慢，就会有很高的风险出现严重损失。有时是设备起火，有时是产能下降，甚至导致停产。这些情况都会造成资源浪费。

1987年11月3日那天，我们5个人聊到，除了决策上的人为错误会造成伤亡外，设备失效上的人为错误影响最大，尤其麻省理工学院有80%的课程跟设备有关。后来我们发现，没有把人为错误放进课程里是最大的缺点，因为我们都教学生怎么设计机器、怎么写采购的流程、怎么操作与维护设备，却没有教如何减少设备故障的问题，或是当有故障的征兆出现时，要怎么排除故障。我们发现这是工程界的一个大漏洞：完全忽略人为错误对设备的影响。

后来我们发现，不止麻省理工学院，把美国、德国、俄罗斯、中国等国家的工学院都算进来，全世界一年培养的工程师高达2000万人，没有人知道在设备上遇到人为错误时该怎么处理，又要怎么减少人为错误，避免资源的浪费。

我们意识到这点的时候深受震撼，因为笛卡儿提过，什么事情都要拿来分析、进行比较，来看看有没有缺失。没有思考人为错误对设备的影响，正是全世界工程界的一大缺失。所以我们一定要把设备失效思维带进工程界，尤其是受设备失效影响最大的制造和生产公司，以及电力公司。

以制造业来说，这些公司的资产除了原材料以外，几乎40%在设备上，当设备用得好，生产力就会相当高。如果设备用得不好，从设计、采购、制造、安装、运行操作到维护都有问题，就会发现这家公司一直在赔钱。

至于电力公司，通常有 25% 的资产在设备上，只要设备失效，就会造成大的损失。我们的统计发现，不必要的人为错误和过分维护会使生产力下降 10% 到 20%，而且资产会减损 15%，这是很大的一笔浪费。如果我们了解人为错误的影响，很快就能避免生产力下降与资产减损的情形发生。

设备失效中的人为错误模式

因此，我们开发零错误方法的时候，把工程界会碰到的人为错误模式分门别类，首先是设备和系统的设计错误，然后是采购规格错误、安装错误、运行操作错误、维护错误、审查错误、故障排查错误与根本原因错误。

把这些错误全部列出来之后，我们发现了一片完全没有开发的新领域，这门学问就是失效工程。过去麻省理工学院教的都是正工程，谈的是设备和系统怎么设计、采购、安装、运行操作、维护、排查故障，但是我们教的是反工程，也就是说，如果设备和系统的设计出错会出现什么现象？要怎么防止设备和系统的设计错误、采购规格错误、运行操作错误、维护错误、故障排查错误，以及怎么防止根本原因错误。当然，如果要防止每一项错误，就一定要有一套零错误思维，包括零错误设备和系统设计、零错误采购规格准备、零错误运行操作、零错误设备故障排查、零错误维护。

　　所以我们在麻省理工学院和零错误公司发展的第一套课程有一套模式：第一，说明什么是零错误的设备和系统设计；第二，如果设备和系统设计有错，达不到零错误，要怎么用审查的方法找到错误。找到错误之后，重要的是要进行故障排查。所以我们开发零错误设备故障排查方法，在故障排查时如果找不到问题，可以用这套方法去审查故障排查的过程，确保能够找出问题，保证百分之百成功排除故障。

　　2002 年以前，我们的第一代课程只教零错误的设备故障排查与根本原因分析，以及零错误设备和系统设计；到了第二代，我们的所有课程都开发成功了，从零错误设备和系统设计、零错误采购规格准备、零错误安装、零错误运行操作、零错误维护到零错误审查都有课程了。

　　第三代我们开始开发强大的数据库跟人工智能。慢慢搜集世界上各种设备失效案例跟失效模式，并存进数据库。这是一个长期而困难的工作，因为每一项设备呈现的失效模式并不相同，失效以后出现的现象也不一样。举例来说，假设一套电子控制系统失效了，如果问题出在接线松动，在探头的地方松动与在资料处理器的地方松动，会出现不同的现象；如果是电容器出问题，那与接头松动出现的现象也不一样。我们的目标是通过这些现象反过来找到设备失效的原因。从 1987 年开始，我们团队每一年都动员相当多的人力搜集案例，也到世界各地处理很多设备失效的问题，几乎看遍所有失效模式。现在，我们的数据库在设备失效上分成 4 个领域，即机械、电器、仪控、软件领域，并与 40 多家公司合作搜集到超过 11 万个案例，以及对各种失效模式的深入研究，不仅是世界上相当齐全的数据库和知识库，而且可以很自豪地说，几乎囊括了所有可能的失效模式和失效过程及原因。

现在，我就借几个典型的案例来说明人为错误对设备失效的影响。其实，很多设备失效的例子如果在事前察觉，就能够避免严重的人员伤亡。

设备和系统的设计错误

先从设备和系统的设计错误说起。这类错误都是单项弱点，因此造成的伤亡通常都很严重。1995 年 6 月 29 日韩国三丰百货大楼倒塌就是一个典型案例。

韩国三丰百货大楼是一栋 5 层楼的建筑，在 1990 年开业时一度成为首尔的地标。但是，这栋建筑在建造过程中更改设计，原先打算盖 4 层楼，业主擅自决定改为 5 层楼，而且把很多原本承重的柱子抽掉。更大的问题出在建造时使用的无梁板构造技术，这项技术是在没有梁板的情况下，利用承重的柱子来撑住整个楼板。这项技术本身没有问题，但是业主变更设计，原本承重的柱子里需要有 16 条钢筋，硬是被业主削减至 8 条，结果导致楼板不平衡，撑了 5 年还是倒塌了。因为倒塌的时间正好是白天，商场里人流众多，在疏散不及的情况下，造成 502 人死亡。

另一个典型的案例是 2003 年 2 月 1 日的哥伦比亚号航天飞机爆

炸。哥伦比亚号航天飞机在发射的时候，绝热材料的碎片从副油箱脱落，打到航天飞机左翼的加强碳复合材料的隔热陶瓷瓦上，导致航天飞机的隔热系统损毁，在重返大气层的阶段中与控制中心失去联系，在距离预定降落还有 16 分钟的时候，哥伦比亚号航天飞机开始解体爆炸。

哥伦比亚号航天飞机会爆炸，问题出在隔热的陶瓷瓦无法承受明显的撞击。这是单项弱点，因为这个陶瓷瓦就在航天飞机外侧，随便一个东西落下都有可能造成其脱落。陶瓷瓦脱落之后，整架航天飞机失去了隔热保护，完全暴露在空气摩擦力产生的高温高压下，结果航天飞机就在空中解体，7 名航天员遇难身亡。

还有一个典型的设计错误的例子，就是本章一开始提到的福岛核事故。每座核电站都有防水墙，避免海水灌进核电站导致厂区停电，无法让反应炉停止运作，福岛核电站也不例外。只是福岛核电站的防水墙高度是根据世界上近 100 年来最高的海啸高度设计的，即 1931 年发生在智利的海啸，高度是 4.1 米。福岛核电站以这个条件，将防水墙的设计往上增加 20%，达到 5.7 米。可是日本"3·11"大地震引发的海啸高达 13 米，远远超过原来设计的 5.7 米，结果海水淹进核电站，核电站无法紧急停机，导致炉心爆炸，核辐射外泄。

仔细检视这个例子，可以发现这是设计上的逻辑错误。这个核电站为了避免海水淹进厂区，用了几十年前的历史资料，找出最高的海啸高度，这是假设防水墙能够抵挡 100 年内发生的海啸。但是核电站要保证 1 万年不能有核能外泄，这意味着实际上核电站需要抵挡 1 万年内的海啸。

从人类历史上来看，根本没有 1 万年来的海啸高度资料。结果，突然间来了一个几百年难得一遇的大海啸，防水墙根本无法抵挡。面对这种情况，在设计核电站的时候，只能假设海啸一定会来，防水墙不能当成主要的防护措施。主要的防护重点应该是当水淹进核电站之后，如何启动备用电源来防止厂区停电。现在，新一代的核电站都会在附近的高处设置一个临时的发电机，这样一来，当海啸导致厂区停电时，就能够紧急供电，尽快将控制棒插入反应炉，让反应炉停止发电。只要这个发电机不会被海啸打到，确保送电进入厂区，就可以不受海啸的冲击。

不论是韩国三丰百货大楼倒塌、哥伦比亚号航天飞机爆炸，还是福岛核电站爆炸事件，主要的错误都是没有看到设备和系统的设计有单项弱点，这是最容易犯下的错误。一旦犯错，整个设备和系统就会失效。

第二个在设备和系统设计上容易犯下的错误是没有系统性审查。设备和系统的设计时常很复杂，如果要确认设计没有问题，一定要进行多方面的审查。举例来说，如果设计一套软件，就要检查软件的计算有没有错误，是不是符合标准，会不会因为硬件的损坏而造成软件出问题。后面会提到一套审查的方法，只要通过分块分段的审查，就可以找出设计错误。

采购规格错误

除了设备和系统的设计会出错，采购规格也有可能出错。最常见的错误就是采购时没写清楚设备要经过怎样的测试，来证明这个设备是好的。很多公司在采购时只仰赖销售的厂商，完全相信厂商的测试记录。但是厂商的测试跟你想要的设备运作功能并不一定一致。厂商的测试通常专注在功能性上，看能不能达到设备的功能要求，但是对于采购者来说，重点在于这个设备符不符合使用的条件。如果需要在特殊情况下使用这个设备，没有经过测试就有可能出错。

另一个采购规格错误出在没考量单项弱点。采购重要设备时，需要有两个以上的供货来源，最好不要只向一家厂商来购买，因为如果这家厂商倒闭或不愿意提供设备的时候，很有可能就会让生意停摆。再者，就算是向两家厂商采购，两家厂商设备的原料来源也不能相同，否则，当原料无法取得时，一样也有可能受到影响。

近几年就有个让人印象深刻的例子，那就是 2019 年发生的日韩贸易战。韩国三星公司在晶体管的制程上，使用的是日本高纯度的氟化氢及光阻剂材料，结果日韩贸易战开打，导致韩国从日本进口产品受阻。其实这些材料美国也有生产，但因为无法临时寻找到供货来源，三星的产品生产连带受到影响。如果三星在采购相关材料时，三分之一跟美国买、三分之二跟日本买，那么当日本进行贸易制裁时，就可以提高向美国购买的比重。

安装错误

设备在安装时也时常出错。其中最常碰到的问题就是尺寸算错。一个很典型的安装错误案例就是哈勃望远镜。哈勃望远镜在 1990 年被仓促送上太空轨道，原本众人期待可以马上观测到外太空的景象。但是发射几星期后，却发现传回来的相片有严重的聚焦问题，原来是主要的反射镜弧度不对，让光无法聚焦到同一点上。

会出现这个问题，是因为镜片的尺寸计算错误。因为哈勃望远镜的发射时程一再改变，导致制造望远镜的费用超支，引发美国宇航局和镜片制造厂商珀金埃尔默公司之间的摩擦。珀金埃尔默公司在 1979 年就开始磨制镜片，1981 年完成。但哈勃望远镜的发射时程一延再延，尤其在"挑战者"号航天飞机爆炸事件之后，又延迟了好几年，最后终于在 1990 年才确定发射升空。结果在时程表改来改去的情况下，珀金埃尔默公司在镜片安装后并没有进行详细测试，美国宇航局也没有认真审查，就把有问题的望远镜送上了太空。

为了处理望远镜无法聚焦的问题，美国在 1993 年派另外一架航天飞机把维修人员送上去维修，最终解决了无法聚焦的问题，拍摄的外太空照片才达到想要的品质。因此，如果想要避免安装错误，一定要确认设备的尺寸是否正确，而且在安装完成之后彻底进行测试。如果时间紧急，至少也要边安装边测试，确保设备能够正常运作。

审查错误

在所有防止设备失效的错误中，最重要的环节就是审查。笛卡儿的第四个原则就提到，每件事情都应该检查有没有缺失。但是很多时候我们会看到，即使设备和系统的设计、采购、安装都没有审查人，后来还是会出错。审查人总是无法在错误发生前查到问题。为什么呢？因为审查人不知道要怎么审查。

我们曾在一家全世界知名的工程公司进行审查方法与审查有效性的调查。这家公司以设计和制造复杂的机械和电子设备闻名，已经有 200 年的历史。在还没有教他们系统性审查时，我们拿出 23 份工程设计错误的报告来给他们审查，看看他们能不能找到出错的地方，结果他们只能找出 20% 的错误。但是当他们了解了怎么做系统性的审查，包括怎么找出未经证实的假设和单项弱点之后，他们可以找出 80% 的错误，而且审查的时间也缩短了。

这里举一个有名的例子，就是发生在 1986 年的"挑战者"号航天飞机爆炸事件。"挑战者"号载着 7 名航天员，其中一位航天员克里斯塔·麦考利夫（Christa McAuliffe）已经为学生安排好实时广播课程，然而"挑战者"号却在升空 73 秒后解体爆炸。美国政府很慎重地组成罗杰斯委员会，要调查这次爆炸事故。调查发现，问题出在右侧固体火箭推进器最后段的 O 型橡胶密封圈上。这个橡胶圈的功用是阻止氢气外泄，不过，"挑战者"号上的橡胶圈只能在 20℃以上的环境下正常运作，如果气温降到 20℃以下，橡胶圈就会变硬，这时氢气就会外泄。

但是，发射地点佛罗里达州的气温时常低于 20℃。美国宇航局对此毫不在意，认为过去气温更低的时候也发射过好几次，都没有出过问题，所以就放行让"挑战者"号升空了。在国会的听证会上，美国宇航局的有关人员对这项决定避重就轻，让调查委员会成员、著名物理学家理查德·费曼（Richard Feynman）大为恼火，指责美国宇航局简直拿航天员的生命做赌注。

这次事件的问题固然出在设计错误上，但早在航天飞机发射前，橡胶圈不能在 20℃ 以下运作早已众所周知。既然还有其他更符合使用条件的橡胶圈，为什么这个橡胶圈还能够通过审查呢？而且从审核记录来看，包括设计人、测试人、工程公司、空军、美国宇航局的职员，总共有 16 人签名通过审核。为什么他们没做好把关的工作？

后来我询问每个审核的人，原来设计这个橡胶圈的工程师是位橡胶专家，人们认为专家都这样设计了，凭什么去审查。所以每个人看到工程师的签字，就跟着签字了，实际上并没有人审查。

这里再举一个例子。这是南加州电力公司旗下一家核电站发生的事情。核电站里一台大型蒸汽机只运行了一年就报废了，导致核电站停止运作，损失 40 亿美元。负责设计与制造蒸汽机的公司，还是全世界非常知名的蒸汽机制造公司。

一般蒸汽机的寿命有 40 年，为什么这一台一年就报废了呢？制造公司说，一定是核电站操作错误，导致蒸汽机坏掉，但核电站说一切都按照标准作业流程操作。在两方争执不下的情况下，美国政府要我去调查这个问题。

我带着 20 多人的团队，浩浩荡荡到制造公司去调查。就跟很多大型知名公司一样，这家蒸汽机制造公司在制造与测试上并不马虎，它在两个大会议室里堆满了所有设计与测试资料，而且每项资料都有审查人签名。审查看来很严谨，每做完一项测试就会签名，而且整套测试做完，又会在测试本上签名。我看到从设计人、审查人、监督人、工程公司的管理层、操作公司与审查公司的管理层全都签名了。我数了数，共有 46 个名字。因此这家公司的人跟我说："我们的产品从没有出过事，而且这个东西这么多人审查，不可能出错。"

确实，我调查了一个多月也找不出问题。我问了他们很多问题。我问："这个东西有没有经过测试？"他们说："有。"我问："测试时有没有出现震动？"他们说："没有震动，你看测试报告都有写。"我又问："那有修改蒸汽机的设计吗？"他们说："没有。"得到的答案很简单，每个环节都有做测试，全部没有问题。

后来，某天晚上，我抛开这些测试资料，拿笔在一张纸上计算。我计算蒸汽进到蒸汽机的速度，发觉跟资料写得不一样，而且差距高达一倍多。原本记载测试时的速度较慢，不会造成水管震动，但是我算出来的数字已经超过标准，会让水管震动，导致水管破裂，损害机器。我觉得很奇怪，因为人工计算通常都是算出平均值，应该不会差这么多。制造公司的人一直说一定是我算错了，因为计算机怎么会算错呢？但我要他们给我一个解释，说明为什么我算的跟计算机算的差这么多？

后来过了一个礼拜，这家公司的副总裁要求跟我们开会，到会议室的时候，他们七十多个人向我们二十几个人鞠躬道歉，说他们出了一个人为错误。因为，两个计算机程序在转换的过程中，负责的人抓错数据给另一个程序，导致之后的计算数据都有错。因为大家都相信计算机不会算错，所以没注意到这项人为错误。结果好好的蒸汽机就提前报废了。

几年前我在麻省理工学院的零错误课堂上，问过学生一个问题："什么事情是最重要、应该做，但全世界没有人做得好的？"答案就是审查，但没有一个学生答对。审查是防止设备失效最重要的环节，如果能在审查的时候找出问题，就不会犯错。但是，前面举的各项案例中，全都有人负责审查。蒸汽机制造公司负责审查的人包括参与的工程师、工程部各级主管、独立审查人、品保人员等高达46个，南加州电力公司验收蒸汽机时也有22个人签字，但他们没有察觉到任何问题；韩国三丰百货大楼完工验收时总共有20个人签字，福岛核电站也有17人审查。既然每个大事故都有审查机制，问题还出在哪里？

我们的研究发现，审查人与制造设备的工程师需要具备的技能不同。审查人需要知道人为错误的类型，以及错误可能发生在哪些地方，这样才能找到错误，不需要懂工程，但是要会问问题。例如，审核"挑战者"号航天飞机是否合乎标准时，要问航天飞机发射时，橡胶圈的功能可以正常运作吗？审查人不需要是专家，就可以利用问问题来找出错误。所以审查人与工程师的职责不一样。如果都是专家，就会出现盲点，查不出问题。

那该怎么审查呢？我们开发的零错误审查方法，是一套三段十四点的检测方法。简单来说，第一阶段要审查大观念的部分，在这个阶段需要审查 4 到 5 个要点；第二阶段则要处理细节的部分，一样审查 4 到 5 个要点；最后一个阶段则要审查应用的部分，思考这个设备在应用上有没有问题，同样也是审查 4 到 5 个要点。

审查的细项重点包括设备的设计要求、各种运行情况、所有的假设，还有是否符合以前的经验、所有的测试、稳定性，等等，总共有 14 项内容。不过为什么要分成三段呢？因为第七章中提过，我们的脑袋一次最多只能处理 5 件事情，所以一定要分段审查。这样就可以从大的架构开始，确认大的方向正确、细节正确，以及应用面正确，才可以面面俱到。

实际上，如果可以在审查阶段找出问题，基本上就可以避开全部的错误。不过目前大多数的审查都不到位，大家不是忽略，就是盲目地信任权威。其实，审查是零错误制度化很重要的一环，每一件事情、每一个错误都要审查，从报告错误、排查错误、设计错误、程序错误，每一个程序、每一个流程都要设有审查人。另外，不要忘记审查工作还有一个很重要的环节，就是审查假设。不管是审查报告，还是审查决策，都有一些假设隐而未见。忽略这些假设，就可能导致之后遇到危机。

运行操作与设备故障排查错误

如果在设备和系统设计、采购规格、安装与审查方面都没有犯错，设备开始运行操作时也有可能犯错。要让设备正常运行，最重要的就是要知道设备的单项弱点。在单项弱点的地方设置监测系统，而且至少要设计一个防护层，这样一旦出现错误，就可以启动防护层，防止设备失效。

当然，设备用久了总会发生故障。很多时候，设备偶尔出现小故障，不一定能够找出是哪个零件失效，常常等到整个设备坏了，直接整体换新。如果能够实时知道哪个零件失效，马上换新，或许设备还能继续运作。30 多年来，我们搜集了 1 万多个设备失效的资料，已经整理出 8000 多个失效模式，知道各种情况的设备失效会产生什么现象。加上利用我们的大数据与人工智能，现在可以很快判断出设备出现什么问题，通过快速排查故障，还会知道设备的某个零件可能会失效，或是即将失效。

因此，我们这套系统现在可以帮助很多公司防止大型事故的发生，也可以减少过度维护。因为一有故障现象，就可以知道什么时候失效，这样就可以做到及时维护，甚至可以省下 25% 至 50% 的定期维护费用。过去，为了防止损坏率 1% 的零件失效，我们会把正常运作的零件拆下来更换。但如果能判断出零件即将失效，就可以省下 99% 的维护费用。特别是当这个设备是一艘运输舰的时候，还可以同时省下携带众多备用零件的成本，舰体的载重量减少，速度就可以提升，也可以更省油。

现在，我们帮美国海军制造商规划的零错误方法，已经可以做到实时排查故障。举例来说，现在海军制造商使用"非正常讯号分析"，这个概念是说，当某个零件坏掉时，会出现很多讯号，过去我们都不清楚这些讯号的意义，可能忽然一个讯号出现，一下又消失了。但现在我们的资料库可以知道各个讯号代表的是什么失效模式，确定找到有问题的零件。这样即使是在两军交战下，也可以一边打仗一边排除故障，确保设备正常运作。

根本原因分析

如果能够做好零错误设备失效先兆排查，这是好事，毕竟这是在设备没有出问题时事先防止失效的发生。但是，如果设备已经失效了，就需要找出导致失效的根本原因，借此避免未来再犯相同的错误。如果以人类来比喻，故障排查比较像是医生，在人还没有死去以前治好病；根本原因分析就像验尸官，在人死后验尸，找出死亡原因。这两件事情都很重要，但是故障排查可以减少相当大的资源浪费，因为很多东西不需要定期修理，因此可以用侦测跟快速排查的方法，减少不必要的维修。

我们的统计发现，设备失效与人为错误发生的概率比是1:1。在设备失效中，发生率最高的是维护错误，其次是设计错误，接着是设备故障排查错误，再接下来则是安装错误。我们发现，这是工程人员都必修的一门课。随着我们搜集的资料增多与经验的累积，现在已经可以解决几乎所有设备失效的问题，可以在设备与程序上达到零错误的目标。

本章练习

＊ 列出公司里 3 个因为人为错误造成的设备失效。

＊ 这些设备失效是由哪个类型的人为错误造成的？

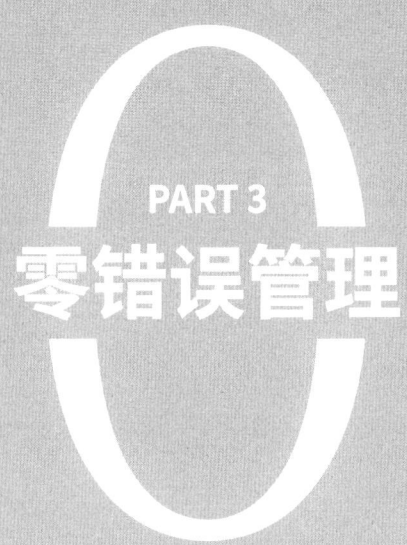

PART 3

零错误管理

第九章

打造零错误企业

　　发明六个标准差管理方法的是曾风光一时的手机巨头摩托罗拉公司，将六个标准差发扬光大的则是美国通用电气公司的前CEO杰克·韦尔奇。讽刺的是，这两家公司全都面临衰败的命运，它们到底出了什么问题？

前面已经介绍过零错误思维、3 种人为错误与设备失效，相信大家对人类为什么会重复犯错有了更深刻的了解。不过，零错误思维不该只停留在思考上，更重要的是要落实到每天的工作与生活中，这样才有意义。而且，如果公司里只有个别人拥有零错误思维，那零错误就只是一时的现象，当拥有零错误思维的人离开公司后，公司可能又会跟过去一样错误百出。因此，零错误必须制度化、标准化，这样才能在企业生根。

其实，开发第二代零错误方法的时候，许多来找我们处理危机的公司都在实行六个标准差管理方法。这套管理方法曾经称霸制造业，用来改善产品制程与质量。这套方法要求每生产 100 万个产品，不良品不能超过 3.4 个。发明这套方法的是曾风光一时的手机巨头摩托罗拉公司，而它的最大信奉者与发扬者，则是美国通用电气公司前 CEO 杰克·韦尔奇。讽刺的是，无论是六个标准差的发明者摩托罗拉，还是发扬者通用电气，如今一家已经不断被转卖，另一家则濒临破产，两家六个标准差的最佳代表公司，都面临衰败的命运。作为最受推崇的质量管理方法，六个标准差究竟出了什么错？

超越六个标准差

六个标准差的管理方法可以追溯到 20 世纪 20 年代由沃特·阿曼德·休哈特（Walter A.Shewhart）博士率先提出的质量控制图。20世纪 50 年代，美国统计学家爱德华兹·戴明（Edwards Deming）受邀去日本演讲，推广质量管理的概念，将质量控制图发扬光大，也带动日本制造业的兴起。到了20世纪80年代，摩托罗拉公司率先发明六个标准差的管理方法，联结质量控制图与统计原理。这套方法简单来说是5个步骤的循环，包括定义、衡量、分析、改善与控制（见图9.1）。这5个步骤的流程如下：第一步是定义问题。举例来说，汽车制造商要制造螺丝，要先定义怎样的螺丝才是合格品，例如公制螺纹外径应该是6毫米、螺距则是1毫米。确认这个标准之后，第二步是衡量。测量制造的产品是否符合第一步提到的标准。如果超过标准或低于标准都会被判定为瑕疵品。第三步是进行统计分析。判断有多少比例的产品不符合标准，如果不符合标准的比例过多，就表示是生产过程有问题。如果生产过程有问题，那就要找

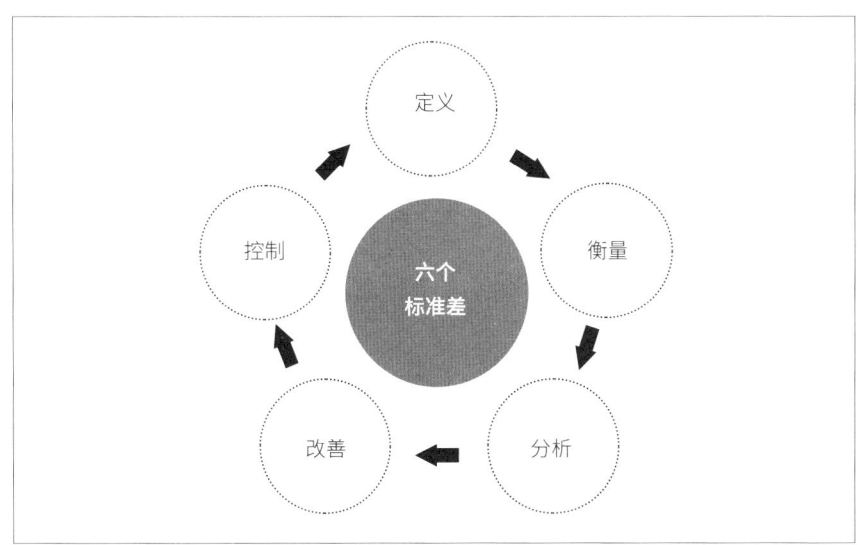

图 9.1　六个标准差的原理图

出改进方法，这就是第四个步骤。第五步是控制。确实改善之后，就可以控制产品的质量。接着为了让质量更加精进，会制定一个更严格的标准，持续精进，达到产品质量符合六个标准差的境界。

随着精益生产的管理方法盛行，六个标准差也精进成精益六个标准差。简单来说，就是一边用六个标准差的方法来控制流程，一边用精益生产的方法来控制资源浪费，希望能借此加快改良的周期，快速制造大量零瑕疵的产品。但是实际上，这个方法实行起来却是一个遥不可及的梦想，一般公司只要做到三个标准差到四个标准差的目标就很不容易了，更遑论要做到六个标准差。实行这套方法的公司大多会遇上瓶颈，原因就在于没有考量人类的各种限制与人为错误。

就以摩托罗拉与通用电气来说，这两家公司犯的都是决策上要做做错型人为错误。摩托罗拉错误评估系统开发的时间，导致系统开发周期无法跟上市场的脚步；通用电气则是连续判断错误，选择了错误的投资项目，如能源投资等，这些都是人为错误，而不是设备或制造的错误。因此，我们提出超越六个标准差，这是要在精益六个标准差的管理方法上加上人为错误的考量（见图9.2）。

超越六个标准差的方法也是一套五步骤的循环：首先是执行14个预防错误的科技点；接着是定义并察觉错误；然后利用人工智能进行根本原因分析；进而判别科技点执行弱点；最后改善弱点。

这套超越六个标准差的方法，关键就是14个预防错误的科技点。这些科技点不像六个标准差只考量企业流程，还加入制度与组织的人为错误考量，只有这样才能防止人为错误重复发生，成为真

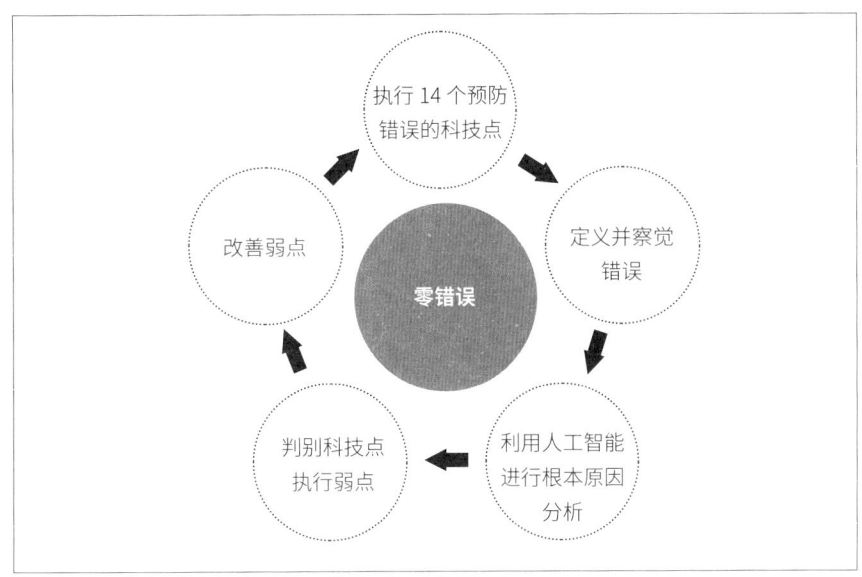

图 9.2　超越六个标准差

正的零错误企业。

　　这 14 个预防错误的科技点是针对人为错误的各种源头进行预防的。只要执行这 14 个预防错误的科技点，就会切断所有错误的来源。我们的调查发现，很多公司学到一些减少错误的方法，但只是片面执行。有些公司培训员工避开 10 个错误陷阱，有些公司培训领导人减少决策错误，还有些公司会培训编写程序书的人一些片面减少错误的方法，也有些公司培训设备根本原因分析。这些片面的做法都有一时的效果，但不能持久，因为在没有注意到的地方会出现更多错误。结果，在注意到的地方错误减少了，在没有注意到的地方错误却增加了，犯下的错误总数并没有减少。

　　这 14 个预防错误的科技点，每一个都有详细的理论与研究数据，每一个科技点都可以写成一本书。在这一章里，我们挑选零错误方法中比较容易理解的 7 个科技点，介绍它们的原则，让大家可以快速理解其中的精髓。

零错误程序与流程准备

第一个要说明的是零错误程序与流程准备。随着企业规模越来越大，企业会逐渐建立起制度，设计各种内部流程。但是很多企业的流程都是靠经验与直觉来建立的，并没有按零错误的思维来考虑，以至这些流程与制度的好坏全都受设计者的影响，有时候会产生很多错误，有时候错误又很少，并没有一个共同的标准。因此，我们的方法要求程序和流程准备标准化，设计一个又快又好，又便宜，又不能出错的零错误流程。

举例来说，有家著名的跨国药厂来找我调整生产疫苗的流程。它们生产的是预防牛与猪等动物生病的疫苗。他们遇到的问题是，从培养毒株到生产成疫苗要花 6 个月时间，中间的流程包括在其他动物身上培养病毒，接着把毒株提炼出来以后消除毒素，产生抗原，最后浓缩成疫苗。这 6 个月中间只要犯下一点错误，或是生产过程中有一点感染，整批疫苗就要丢弃。很可能只是一台设备的控制阀没关好，或是制程中的温度高了一两度，导致病毒太多，疫苗就无效了。结果每年要丢掉很多疫苗，损失一两百万美元。后来我们引进第二代零错误方法，帮这家药厂建立完整的零错误流程，不再生产出不合规格的疫苗。光是这样，获利就马上增加了 15%。

前面也提过连锁卖场因售卖轮胎连年犯错的例子，只要能设计出一套零错误程序与流程，在营收与获利上马上就能看到成果。

零错误单项弱点判定与防护层设计

单项弱点的发生率很高，所以每一个人、每一项工作都要找到单项弱点。找到单项弱点以后，如何让它不再成为威胁？那就是接下来要介绍的零错误科技点：防护层设计。

前面提过，工程界很早就有单项弱点的概念，叫作单一失效。任何一个零件的失效，会造成整个设备的失效，就叫作单一失效点。在工业设计时，为了防止单一失效，会另外设计补救零件，叫作备援，以防止单一失效点出事之后，发生致命性的后果，完全无法弥补。防护层也是这个概念。如果发觉了单项弱点，能够消除是最好。如果单项弱点无法消除，就必须设立防护层，避免受单项弱点的影响。

防护层是利用硬件与软件，在错误发生时避免产生无法承受的后果的一些举措。举例来说，为了避免插头插反，插头设计成正、反面的形状不同，这样就永远不会插错。其他简单的硬件工具还包括标语、标志、监视镜头。在可能出错的环节放上简单的标语，警告需要注意什么问题，这种防护层简单又方便。或是像前面我们提过的，药瓶上的过期警报器，也是防护层的一种。

另外，人员也可以作为防护层。专门派一个监护人员或小组长在一旁监看，或是利用摄像头或手机监控，让监护人员可以远程监看工作。一旦发生操作错误或是没遵守规则，监护人员就可以立即给予警示告知，如果是重要的操作，则必须得到远程监护人员同意后，才能执行。

在设计防护层的环节，要注意的是成本与效益的考量，有些防护层虽然可以有效防护单项弱点，但是代价十分高昂。举个例子来说，如果每项决策都要找五六个人审查，审查缓慢就算了，决策带来的效益可能无法负担这五六个人的人力成本。也有些防护层很简单，却很容易失效。例如第六章提过的电厂事故，控制室的员工在关掉电缆通电开关时，原本应该按照标准作业流程，念出关掉电缆的名称，却因为分心没有照做。这样的防护层虽然简单，但有时也会失效。

防护层的设计多样而复杂，需要根据单项弱点的状态与自身的条件来做选择。如果不幸发生单项弱点且无法取消，又无法设置防护层时，就必须另外拟定其他计划，把单项弱点的破坏性降到最低。

零错误个人和员工、零错误领导人和经理人

接下来，要将零错误落实到企业制度，一定要有两项很重要的因素：第一个是零错误个人和员工，第二个是零错误领导人和经理人。

　　要保证不管是个人还是员工，领导人还是经理人完全不犯错，前提就是要有零错误的工作设计。如果要让一项工作达到零错误，需要考量五个因素，即记忆力限制、注意力限制（注意力弹珠的多寡）、外部因素、单项弱点与防护层（也就是预防单项弱点失效的措施）。（见图9.3）

　　首先，要确认每个人的天生限制。它受两个因素影响：一个是记忆力，另一个是注意力。

　　其次，也要考虑外部因素，比如时间、其他人的行动、环境条件，等等。当然更重要的是有没有单项弱点，如果有单项弱点，有没有防护层？

　　了解一个零错误工作的设计之后，每个人也要自行检查自己是

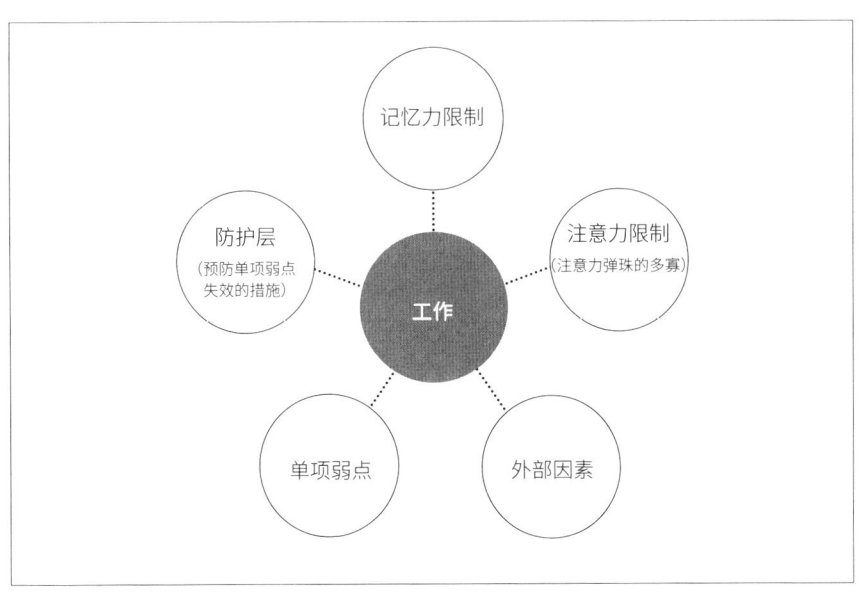

图9.3　零错误的工作设计

否符合执行零错误工作的条件。前面提过要了解自己是内向还是外向，是用左脑思考还是用右脑思考，还要知道今天自己的单项弱点有哪些，每天可能遇到的陷阱、错误有哪些，是知识型错误、规则型错误、技术型错误，还是分心。如果因为昨天熬夜太晚，今天上班时很累、精神不好，这种精神状态叫作精神弱点。很多员工上班时会有精神弱点，当发生精神弱点时，就要留心自己是不是容易发生各种类型的错误。除自行检查以外，同事间也可以互相检查，如果有问题，就要寻找补救的方法。（见图 9.4）

当然，最重要的还是要认清自己，在执行工作时有没有单项弱点。如果可以取消单项弱点，就尽量取消；如果无法取消，就要加

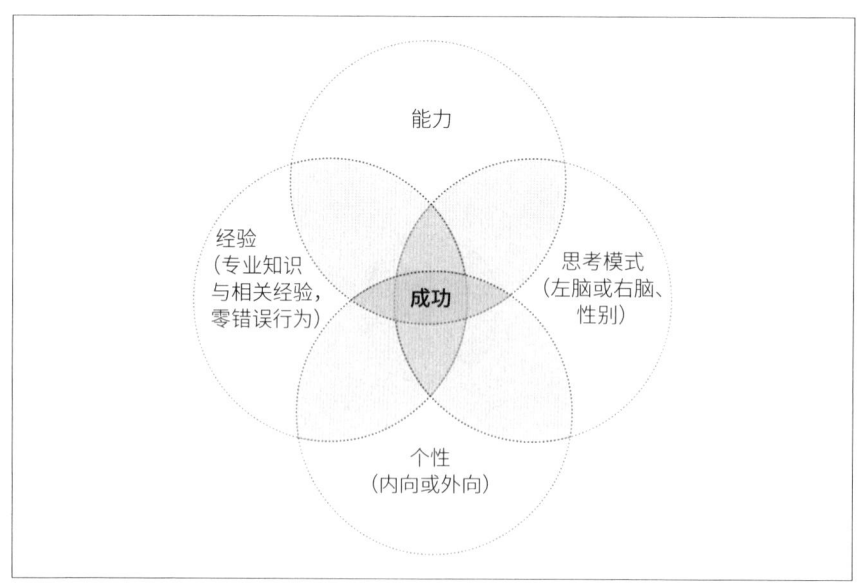

图 9.4 自行检查目前的状况

上防护层，或是准备其他计划。此外，要把无法处理的单项弱点全部记录下来，并且每天统计。那些没有防护层的单项弱点是颗不定时炸弹，需要随时警觉。

为了应付每天的单项弱点，我们开发的零错误软件可以帮助企业针对这些单项弱点进行管理。这套软件要求所有人输入当天的单项弱点，然后汇总给公司的领导人。领导人可以实时了解全公司有多少单项弱点，更重要的是了解哪些是没有防护层的单项弱点。当领导人看到没有防护层的单项弱点时，就要去分析没有防护层的原因。如果是因为经费、资源不足，导致无法处理单项弱点，领导人当下就可以决定增加经费或资源，例如增加硬件防护层、增派两位监护人员，或者花钱去请专家来协助建立防护层。我们看到很多企业高层之所以无法迅速应付单项弱点，是因为很多单项弱点在基层看不到的地方，基层的员工不见得有办法将问题反映到高层。因此，通过这个做法，可以避免错误发生而导致严重后果。

零错误人员绩效的根本原因分析

如果错误还是发生了，该怎么办呢？这时就需要针对错误进行根本原因分析。进行根本原因分析的目的不仅是要分析是防护层发生错误、程序设计错误，还是员工行为指引错误；我们公司研究发现，最好的零错误根本原因分析还要针对犯错人员的心态、外部因素和单项弱点的原因深入探究，找出错误的根源。这些根源跟组织制度都有相当密切的关系。当一个公司成功地执行 14 个科技点时，所有错误都可以预防。当组织制度有问题的时候，就表示这 14 个科技点执行得并不彻底，还有缺失，这些缺失才是没有预防到错误发生的根本原因。这种方法是以预防为主的根本原因分析，与很多公司用的以事故处理为主的根本原因分析并不一样。以事故处理为主的根本原因分析一般只要找到犯错的人或错误的制度，然后惩罚犯错的人或修改错误的制度就结束了。但对员工或制度为什么会出错却没有深入研究。找出不能预防错误的根源，才能提出针对性的解决方案，预防以后的错误发生。

设备故障也要做根本原因分析。在这个分析中，第一个步骤是要找出设备为什么失效，接着再看这个失效是由哪些错误或组织制度的缺点造成的。第一个步骤的设备失效分析十分复杂，要考量所有失效模式，然后用侦测到的失效现象和可能的起因来找到真正的失效原因。至于第二个步骤，就是前面提及的人为事故根本原因分析。

第三代零错误方法已经利用人工智能技术，将这种零错误人为事故的根本原因分析方法和零错误设备故障的根本原因分析方法结合起来，开发自动分析软件。

零错误组织和流程的根本原因分析

组织要达到零错误，需要满足 3 个条件，即流程与程序要有零错误的设计，要改变组织里每个人的思维模式，要实行零错误的思考流程（见图9.5）。但是组织和流程也跟人一样，有可能经常犯错。如果出现错误，也要做根本原因分析。分析组织的资源是否足够，人力是否充足，人员的素质是否合格，如果组织的资源与人力都不能胜任，培训也不足，就会导致错误出现。

　　无论分析组织流程的问题，还是人为错误的问题，从 2008 年开始，我们结合人工智能和大数据，开发出一套零错误软件，这就是第三代的零错误方法。只要在零错误软件中输入事故的过程和现象，就可以立刻找出组织流程或人为错误的内容为何，然后进行改进。

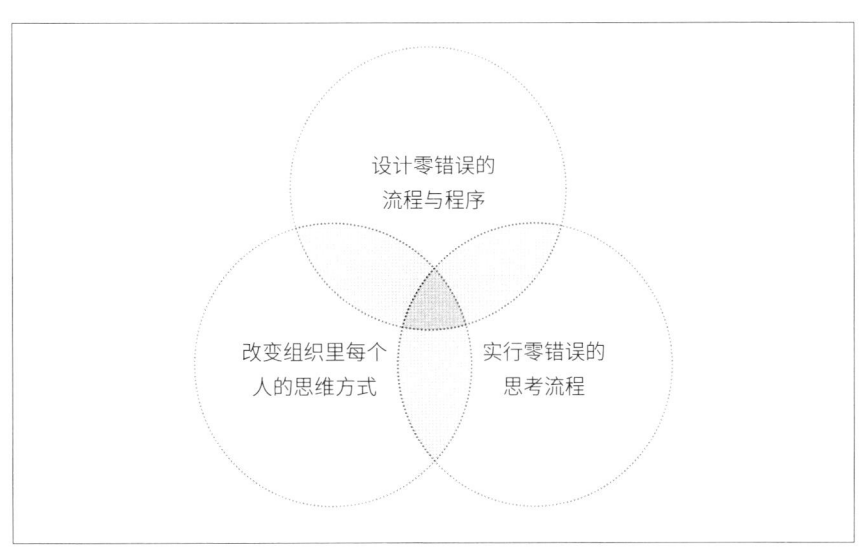

设计零错误的
流程与程序

改变组织里每个
人的思维方式

实行零错误的
思考流程

图 9.5　让组织达到零错误

零错误共同原因分析

　　下一个零错误方法也早已与人工智能软件结合，打造出零错误共同原因分析，把每一个人为错误、每一个组织错误进一步进行大数据分析，当某些人为错误频率特别高，例如某一个组织常常出现违规，那就表示这个组织必须进一步检讨错误原因。通过共同原因分析，可以发现每个组织的错误趋势跟整体状况，未来如果出现新的问题时，马上就可以找出各个组织的大数据错误趋势，迅速针对各个组织的问题提出解决方案。

　　每一次的人为错误数据立刻会被传送到云端数据库，这些数据每天都会更新，大家可以随时查看某种类型的错误有多少，或是某个部门发生过哪些错误。这些数据全部都可以通过共同原因分析获得，领导人只要看共同原因分析所提供的数据，很快就可以找出错误的原因。

零错误领导人与企业文化

　　很多组织的人为错误是因为没有制度，导致错误不断重复发生。例如，美国一家石油公司曾因为一次交接班的失误，酿成近百人的伤亡。原因出在交接班的设计上。公司没有规定交接班需要有正式的书面记录，所以每次交接班的时候，说的人与听的人在信息传播上出现差异，经常导致沟通出问题。如果改进交接班制度，全部采用书面记录，甚至重要的交接班还要有审查人，就可以确保交接班零错误。

换言之，分析检讨错误，知道错误的来龙去脉之后，就可以提出补救措施，进而达到零错误的境界。30 多年来，我们开发的这 14 个科技点，已经能够充分避免错误的发生，让零错误方法真正落实到企业里，进而打造零错误企业。

很多人常问我："领导人的特质会影响企业经营吗？"在管理学界，这也是争论许久的议题。我们看到有些领导人很强势，要求下属一定要照着他的话去做；有些则是学者派，以学究的态度指导下属做事；还有些是讨论型的领导人，所有决策都要求公开讨论；当然还有仆人式领导，希望借激励下属来推动企业前进；也有严厉型的领导人，对于犯错的下属动辄进行惩罚。但我们的研究发现，不管是哪种特质的领导人，都可以看到成功与失败的案例，在这点上并没有共通的定论。唯一影响企业经营成败的因素，只有犯错的多寡。

我们在 2001 年也做过一项分析，探讨领导人与一般人有什么不同的特质。我们公司利用 MBTI 的性格测验分析，访问 100 位优秀的领导人与 100 位优秀的专业人士（包括工程师、科学家、律师、金融分析师、投资顾问等），发现有项技能是 90% 的领导人拥有，而 90% 的专业人士没有的，那就是有能力带领组织与个人走向零错误，我们称这个技能为"零错误管理技能"。这项技能包括两个部分：一个是机会管理，另一个是创新思维，借此避免犯下该做未做的知识型错误。确实，从领导人与专业人士的时间分配来看，领导人有 20% 的时间花在创新思维、避免犯自满错误上，34% 的时间花在机会管理上，剩下 46% 的时间则花在指定的任务、管理、培训与人际互动上。而专业人士有高达87%的时间花在指定的任务、管理、培训与人际互动上，只有 5% 的时间花在创新思维、避免犯自满错误上，8% 的时间花在机会管理上。（见表 9.1）

表 9.1　领导人与专业人士的时间分配

时间分配	领导人	专业人士
花时间在"创新思维"，避免犯自满错误的比例	20%	5%
花时间在"机会管理"的比例	34%	8%
花时间在指定的任务、管理、培训和人际互动上的比例	46%	87%

什么是机会？

我常会说，机会就好像在重要节日搭火车返乡一样，如果发车时间没赶到站台，火车就开走了。虽然每个人都想搭上火车，但只有事先买好车票，提早在正确的站台等候，并想办法挤上火车的人，才能够成功搭上火车。机会也一样，如果没有事先做好准备，机会也不会等人。

因此，机会是一种让某些渴望的事情成真的"短暂情况"。要推出任何新政策或新产品，都要选择最佳时机。好的时机会帮助决策或计划更顺利执行、更容易达成目标。如果没有将机会纳入考虑，选择了糟糕的时机，很容易因为消费者不接受，或是没有市场需求等外部因素，导致失败。

一般来说，机会有 4 种类型，即自然出现的机会、化危机为转机、追求而来的机会、创造的机会。

自然出现的机会是从天而降的机会，通常可遇不可求，最著名的例子就是 1928 年英国微生物学家亚历山大·弗莱明（Alexander Fleming）意外发现盘尼西林。弗莱明原本是在实验室培养金黄色葡萄球菌，但两个星期的假期结束返回实验室时，看到细菌都死掉了。眼尖的他发现培养皿角落里长了一块霉菌，弗莱明马上联想到是霉菌杀死了这些细菌，结果就从霉菌中发现了盘尼西林（即青霉素）。这种自然出现的机会非常难得，连弗莱明也对外界说道："我没有'发明'盘尼西林，我只是'意外'发现它罢了！"这就是自然出现的机会。

第二种机会是化危机为转机。机会有好就有坏，一旦遇上不利的机会，并非完全没有出路，俗话说："上帝关上一扇门，必为你打开一扇窗。"行到水穷处，前面可能就是一片桃花源，就看自己能否绝处逢生。

比较典型的例子就是苹果公司创办人乔布斯，他是擅长把阻力变成助力的高手。他在 1985 年被自己引进的专业经理人开除之后，因为旋转门合同，必须回避所有与苹果有关的业务。这份合同让乔布斯束手束脚，无法大展身手。但是乔布斯不是那种坐以待毙的人，这条路行不通，就换一条路走。于是他转向瞄准教育市场，成立 NeXT 软件公司，开发以网络为基础的作业系统。到了 1997 年，苹果公司以近 5 亿美元的价格收购了 NeXT 软件公司与它的产品，这项产品后来成为 iPhone 4 的核心操作系统。这套操作系统以应用程序为主，现在已经成为智能手机最大的创新。因此，即使在绝境之中，只要坚持不放弃，依旧能够找到出路，把一手烂牌打成好牌。

第三个是追求而来的机会。与其空等机会降临，成功人士通常会更积极主动地找寻机会、追求机会。在这点上，比尔·盖茨是佼佼者，他的微软帝国就源自大学时期勇于追求的小机会。有一次在逛街时，他看到《大众电子》杂志上介绍第一台小计算机 Altair 8800，这是一台存储器只有 4KB 的微型计算机。盖茨打电话给这台微型计算机的发明者爱德华·罗伯茨（E.Roberts），提到这个计算机与其用硬件按键操作，不如用软件操作，并表示可以为这台机器编写一套软件程序，这就是微软的第一套软件 BASIC，后来对方付了3000 美元购买这套软件。盖茨正因为抓住这个不起眼的小机会，开启后来上万亿美元的微软帝国。如果盖茨当初没打那通电话，微软公司或许就不存在了。

第四个是创造的机会。当没有机会时，就要自己去创造。创造机会很困难，因此能够创造机会的人，都是高手中的高手。历史上最著名的例子，就是发生在三国时期的赤壁之战。刘备与孙权以不到 20 万的兵力打败了曹操的 80 万大军，凭借草船借箭，绝处逢生，借由创造机会来取得胜利。

三国时期，东吴的大将黄盖受命诈降到曹操的军营。为了取信于曹操，周瑜想出苦肉计，故意借故痛打黄盖一顿。黄盖假装气愤，写下诈降书诱骗曹操上当，自己带船向曹操投降，并点燃船只火攻曹军的军营，最终曹军大败。通过创造火烧连营的机会，让原本无法获胜的战争成功逆转。

我们从 1990 年至 2019 年搜集了 2330 个关于机会的例子，发现追求而来的机会最多，占了 55%；自然出现的机会占 23%；化危机为转机占 17%；创造的机会最少，只占 5%。（见图 9.6）

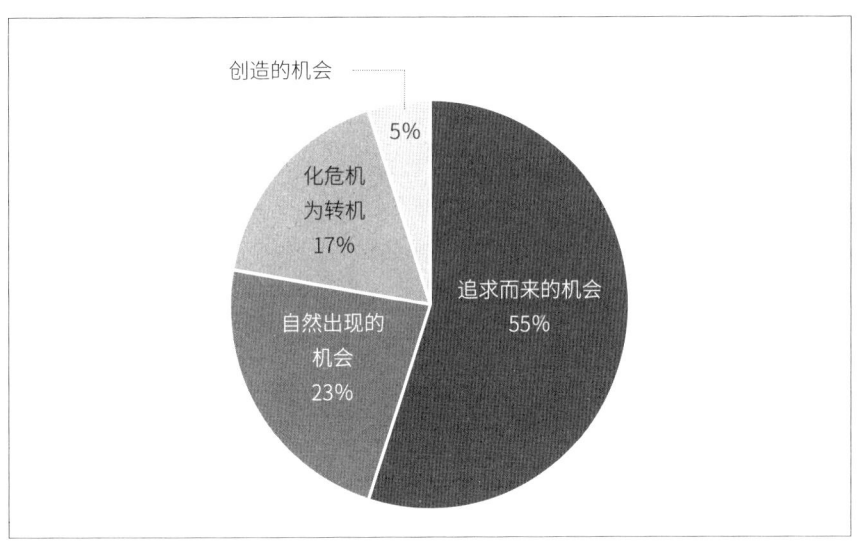

图 9.6　1900—2019 年研究得出 4 种机会的占比

领导人的机会管理

机会是如此重要，所以好的领导人都擅长运用机会。不过很少人知道怎么运用机会，甚至做到机会管理。就像表 9.1 的调查，成功的领导人都是最佳的机会管理者，他们在机会管理上投入的时间高达三分之一。

我们定义的机会管理技巧，指的是一种为了达到想要的目标，观察、追求、创造机会并化危机为转机的技巧。这个技巧有 4 个要素：

1. 观察机会：知道机会的重要性，而且看见身边自然出现的机会。

2. 追求机会：了解某个人独特的优点，而且追求机会去配合那个优点。

3. 创造机会：借由一系列计划好的行动来创造机会，达到最大效益。

4. 化危机为转机：理解机会的不利条件，并做出其他人无法做到的事。

在企业界中，比尔·盖茨是我见过拥有最强机会管理技巧的人。如果观察微软的历史，可以发现微软的成功就在于几乎没有错失任何一个重要的机会，因此得以打败众多如王安电脑一般的强敌。比尔·盖茨曾在访谈时提到，在他经营微软的日子里，只有一个机会没有把握住，就是没有成功开发手机操作系统。即使比尔·盖茨已经是机会管理的个中高手，还是留下了这唯一的遗憾。

我们的调查发现，拥有机会管理技巧的领导人，大多数是通过成长环境和多年职业生涯的训练学到的，传统或非传统的教育并不能培养这项技巧。正因为如此，想要学会机会管理技巧变得十分困难。不过我们开发了一套领导力培训课程，来帮助领导人掌握机会。其中一个很重要的课程，就是接下来要提到的：培养领导人如何创新。

创新思维

零错误管理技能第二个重要的技巧是创新思维（包括新产品、新服务、新的改良），避免该做未做的知识型错误。这样才能确实抓住机会与趋势，达到目标。而想要发展创新思维，借此抓住机会与趋势，最重要的就是思考如何创新。

我们曾在 2011 年研究了 78 个重大创新案例，包括拉里·佩奇（Larry Page）创办 Google 搜索引擎、埃隆·马斯克发明在线支付系统 PayPal、安迪·鲁宾（Andy Rubin）根据 LINUX 开发安卓操作系统，我们发现这些创新者的平均年龄是 28 岁，他们使用的创新方法可以归纳为 4 种：和重要竞争者比较（Benchmarking）、列举细节（Enumeration of details）、基础的延伸和整合（Extension and integration of fundamental）和旧技术新应用（Transfer of application），这 4 种方法可以简称为 BEET。

和重要竞争者比较是指调查重要竞争对手的创新技术或服务，再加以比较，找出新的切入点。例如，三星手机把苹果手机当成创新的比较对象，每当苹果手机有了一项新功能，三星就会分析研究，找出苹果手机的不足之处，这就是创新的起点。

列举细节是笛卡儿在《方法论》中提到的第四个原则，通过对细节的分解、分析，可以找到被忽略的细节或技术。

基础的延伸与整合是在旧有的基础上，加以升级、优化，衍生出新产品或新服务，例如从导体衍生出半导体，以前没有半导体，在导体的基础上加以延伸，开发出半导体的创新。

旧技术新应用是把某一个领域的旧发明、旧技术，应用到完全不同的全新领域。乔布斯的创新就属于旧技术新应用的佼佼者，笔记型计算机早已开发出触控技术，但乔布斯是第一个把触控技术应用到手机而获得巨大成功的人。

从这4种创新方法中可以发现，几乎没有一种发明是无中生有的，几乎都有参考对象来对比。麻省理工学院有位老师是爱因斯坦（Albert Einstein）的学生，他一直跟我说，全世界只有两个人无中生有地发明出新东西，一个是爱因斯坦，另一个是迈克尔·法拉第（Michael Faraday）。爱因斯坦在26岁的时候发明了狭义相对论，法拉第则发现磁电互换效应。最后爱迪生把电运用在灯泡上，点亮了全世界，成为影响全世界的人。爱迪生并没有无中生有地创新，但却改变了整个世界。

然而，70%的公司完全不知道创新的4种方法，当然不可能有任何创新。如果企业的创新只是靠着领导人一时的灵光乍现，没有做好管理与系统化，那么创新就不会持久，自然掌握不了新机会，企业当然会没落。因此，如果观察以创新闻名的企业，如苹果、微软、亚马逊等，它们都有专门负责创新的部门或团队。

企业经营的好坏，领导人占有很大的因素。所以想要真正做到零错误，从领导人开始就要做到零错误。不过要打造真正的零错误企业，还必须让企业里的每个人都做到零错误，这就需要建立零错误的企业文化。

零错误文化

要让零错误深植在企业里，除了拥有零错误流程外，更重要的是建立零错误的企业文化，这样企业才可能长久经营。我们在前言中定义过文化：文化就是思维、方法和制度的组合。什么是零错误的企业文化？就是企业里每个人都有零错误的共同目标，而且大家都认知到零错误的思维，了解什么是单项弱点，以及如何避免自己与组织的单项弱点。最后，达到零错误目标后的成果要共享，如果利益全由老板独享，员工没有得到任何好处，那么这样的企业就不容易凝聚企业文化，大家也不可能共同追求零错误。

共同的目标与共同的认知，都必须建立在共同利益的基础上。因为如果没有共同利益，即使有再多的共同目标、共同认知，大家还是无法变成零错误的命运共同体，无法在同一条船上打拼。我们观察到，很多公司因为没有一套好的利益共享制度，使得每个人各扫门前雪，只注意自己的错误，看到别人的错误也不会提醒或告知。结果原本每个人都试着防范单项弱点，综合起来却成为公司的单项弱点。这样的企业最终还是会以失败收场。

另外，我们也常看到，如果大家只注意自己零错误，很可能会忽略部门和部门间、组织和组织间的错误，这些组织间的灰色地带就会变成单项弱点的温床。因此，成果共享是推广零错误企业文化的关键。

如何创造共同利益，把大家绑在同一艘船上，变成命运共同体？以我成立的公司为例，我聘请的每位员工都配有公司股票，当公司赚钱时，每位员工都可以分红，所以大家对公司的经营非常关注，如果有同事犯错，就会互相提醒，确保错误不会影响公司获利。

为了达到共享利益的效果，我建议可以设计一套关键绩效指标（即KPI），把单项弱点与集体利益挂钩。简单来说，以整体的单项弱点来衡量绩效表现，如果整体的错误率下降，每个人都能得到奖金，这样就可以避免大家只在乎自己的单项弱点，却不注意同事的表现。

我们有一家连锁卖场的客户就运用这样的指标达到零错误。他们每天会统计各个部门的单项弱点错误次数，如果错误比前一天少，就可以获得奖金，而且奖金可以累积，倘若错误在逐天递减，奖金就会不断增加，每位员工领到的奖金大概是薪水的5%。

此外，统计数据并不是暗箱操作。公司在每个部门都放置一个大型告示牌，上面会列出各个部门每天的错误量，以及零错误奖金的金额，错误越少，奖金越高。每个人都知道自己部门最近犯了多少错误，因为事关奖金多寡，同事间会更注意彼此有没有犯错。因此，大家变成了利益共同体。如果走进这家卖场的大型仓库，你会看到一个奇特的现象，当一位员工开着小型货车运送货物时，只要车速太快，其他员工就会很紧张地跟他招手，叫他"开慢一点"。因为如果一不小心车子翻掉，他们当天的奖金就没有了，因此员工之间会互相监督、提醒不要犯错。另外，错误告示牌上还会列出上一次错误是在多久以前发生的，距离上次错误发生的时间越久，得到的奖金越高。

除了错误告示牌之外，公司还在大门口设置红绿灯，绿灯表示前一天全部门都没有犯错，红灯则表示前一天有人犯错。大部分员工看到绿灯会很高兴，表示奖金继续累积，如果看到绿灯变红灯，就会非常紧张，表示奖金没有了。

因为随时都能看到整个部门的犯错情况，所以每个人在做事时都非常小心，因为这直接关系到薪资，所以每个人都有共同的零错误目标，错误率自然大幅降低。即便这家公司的员工平均学历并不高，底薪也不是同业最高的，但是员工的竞争力却一直是业界数一数二的，原因就在于这家公司聪明地使用共同利益，成功打造零错误目标与文化。

不过，只是公司自身做到零错误并不够，来往关系企业、上下游供应商或客户也都要执行零错误，打造零错误目标与文化。因为当供应商或是承包商发生错误时，如果自己无法审查，最后还是会因受牵连而遭受损失。

在实际操作上，如果是员工在100人左右的小企业，不到半年时间应该就可以做到零错误。如果公司很大，员工有上千人，那么可能要花5年左右时间。以我们的经验，我们会帮客户先培训一批零错误的种子学员，这批零错误学员回到企业后，对每个月的主管会议、小组会议都要进行零错误分析。这样的会议跟过去的会议不同，以前会议讨论的都是如何处理问题、解决问题，但是导入零错误文化之后，会议检讨的是为何会让错误发生，为何没有事先预防，以后要如何预防等。通过不断开会与检讨，让零错误内化到每一位员工心中。唯有颠覆员工的整个思维，从处理错误改为预防错误，零错误文化才算扎根，企业才有机会成为零错误企业。

本章练习

＊ 检视 14 个预防错误的科技点，思考自己所在的组织或企业可以从哪些科技点开始打造零错误组织或企业？

＊ 如何帮助你所在的组织或企业达到零错误的共同目标、共同认知与共同利益？

后记

从现在开始运用零错误思维

零错误思维是非常具有挑战性与颠覆性的思维模式，许多人认为这是不可能做到的事。但是经验告诉我，从阅读这本书开始，你就已经注意到自己有没有犯错，开始思考如何不犯错，也开始注意自己是否有出现犯错的心态。在你读完本书的时候，心中就已经播下一颗零错误思维的种子，一周之后，你就会发现自己的思维模式

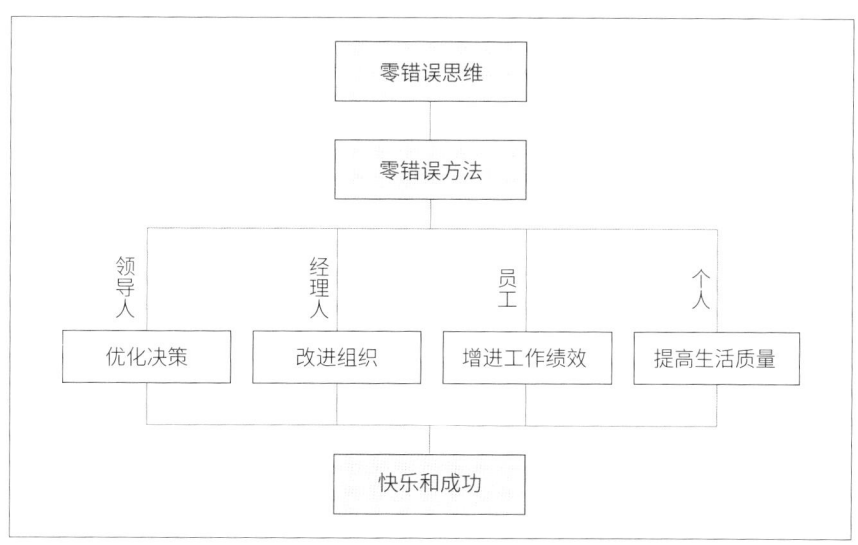

图 C.1　从零错误到快乐和成功的人生

已经慢慢产生变化，错误也开始渐渐变少。接着，一个月后，你可能已经可以感觉到错误减少带来的快乐了。如果你有机会学到零错误的方法，一年后，你就会感觉到零错误已经带你到更快乐、更成功的境界。如果你可以把这个方法推广给认识的人，推广到越来越多的人，当大家都意识到零错误方法的好处，世界就会变得越来越好，就会拥有更美好的未来。

本书的内容是从四门零错误的入门课中所精选出来的，这四门课分别是零错误个人入门、零错误员工入门、零错误经理人入门和零错误领导人入门。我们公司的零错误团队一边研发零错误方法，一边做零错误课程培训，也做企业顾问，利用授课和做顾问的收入来加速研发，再把研发的成果纳入课程中。所以这些入门课程会一直变化，大家的建议都会帮助我们的团队开发出更好的课程，我们也会带给大家更进步的零错误方法。

本书最重要的就是带给大家一个颠覆性的思维模式和一些简单的方法，可以帮助大家了解到零错误思维的重要性，而且能快速、立即看见成效。在学完这些入门课结业后，我们都会要求学员提供一些实践的成效和建议。因为成长背景不同，每位学员的感受与应用方法也不同，下面就分享一些学员的经验。

在学完零错误个人入门课后，有位家庭主妇学员说："你讲的注意力弹珠概念，帮助我解决了常常找不到东西的问题。现在，常用的东西我只会放在5个固定的抽屉里。钥匙放在一个抽屉，充电器、电池等电子产品配件放在一个抽屉，文具放在一个抽屉，备用的化妆品与盥洗用具放在一个抽屉，最后一个抽屉则是放各种药物。以前我的东西到处乱放，每天至少要花 30 分钟找东西，现在这些时间都省下来了。"还有一位学员是中年父亲，他说："6 个月前女儿跟我说有两个男生在追求她，不知道要选哪一个好。上完课后，我知道每一个好的决策至少要有 5 个选择，而且拥有相似的性格、相同的兴趣才会是好伴侣。所以我就问她，难道没有其他男生可以选择吗？我鼓励她不一定要局限在这两个男生上，要创造机会，参加一些她感兴趣的社团活动，多认识一些兴趣相同、个性相似的男孩子。最近她告诉我，她找到了一个谈得来、又有共同兴趣的男孩子，比前面两个好太多了。"

在学完零错误员工入门课后，一位资深的业务员跟我说："上完课后，我每天就按照邱博士的建议，检讨当天犯下的错误。我发现，我犯的错误往往与人际关系有关。我是一个内向的人，常常不会顾虑到其他人的感受。我太太常常跟我说这是我的个性，不会改变。所以我就申请从业务部调到市场调查部，现在我已经是市场调查部的副经理。"还有一位在采购部门任职的资深员工告诉我："每天早上我都会问自己，今天的工作有哪些单项弱点。如果有单项弱点的话，有没有有效的预防措施来避免错误发生。我都会想办法去防止单项弱点的错误发生。3 个月前有一个厂商代表三番两次要找我应酬，我知道邱博士提到过抵制诱惑的重要性，所以就拒绝了。后来，这个厂商因为贿赂出了事，供出公司里受贿的人员名单。部门很多同事因为这件事被免职了。我很庆幸没有掉入这个单项弱点的错误陷阱。"

在学完零错误经理人入门课后，一位工程部门的经理跟我说：

"我们部门之前的工程修改重做的概率是 10%，老板认为这是一般工程公司必须接受的损失。8 个月前，我进行零错误根本原因分析，针对每个修改的工程，找出根本原因，不管是粗心大意，还是不遵守程序，我们都针对这些原因进行改进。这两个月来，我们已经看不到任何工程需要修改重做了。老板知道以后非常惊讶，才知道过去 10% 的工程重做都是在浪费资源。"还有一位零售商的经理告诉我："我们的标准作业流程是总公司统一规定的，已经用了 10 年了，大家都非常满意。但是我上完课后，重新思考流程的简化和员工的效率问题，我用你教的方法，把许多高负担的工作流程进行简化，结果公司成为今年业界获利最高的公司，其他公司也来学习我们是怎么简化工作的。"

在学完零错误领导入门课后，有一位管理 20 万名员工的总经理跟我分享："我的公司以前从来没有试点的概念，每次只要推行一项计划就是整体同步实行，结果成效都不好，而且都会出现意料之外的事情。不过我们最近推出一套新的安全管理准则，我们把公司分成 4 个不同工作性质的团队，每一个团队选择一个部门来试点，给他们 6 个月时间试做，找出这套新制度的优点与缺点。希望消除缺点，保留优点。后来我们发现这 4 个团队的意见都不一样。所以我们最后的安全管理准则有 4 套标准，每个员工都欣然接受。"还有一位中小企业的电子公司老板跟我说："我听完课后才了解到公司员工都在等待机会。所以，我成立了一个机会管理小组，他们的职责就是创造机会、抓住机会。因为他们常常和外面接触，我要他们也用邱博士教的创新思维方法去发展新产品。这 6 个月来，我们的新订单已经增加了 50%。"

我们常说失败是成功之母，但我认为错误是失败之父，只有研究错误才能够成功。零错误思维与方法就是 30 多年来我们对于错误研究的结晶。

我相信，每一位读者都可以从本书中介绍的零错误思维得到收获。希望大家可以通过 info@errorfree.com 来跟我们分享阅读本书的感受与建议，帮助我们团队继续开发更专业、更有效的零错误全新方法。

现在你已经读完本书，是否开始使用书中的方法，减少自己常年犯下的错误了呢？